Généalogie

DE LA

Maison de Gazeau

par M. Etienne de Lauzon
Conseiller général de la Vendée

avec la collaboration
de M. Emmanuel Gauvrit

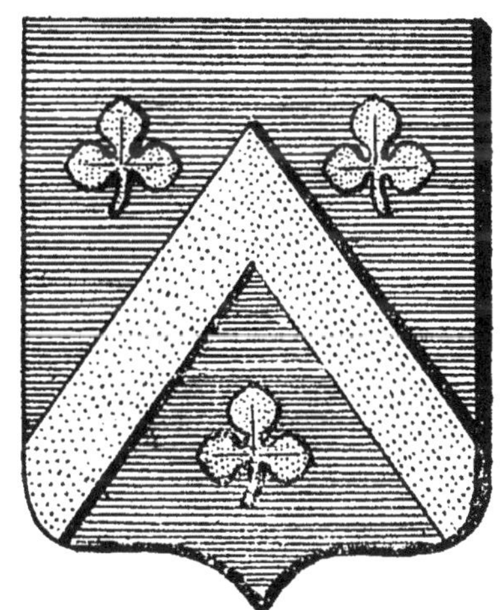

LUÇON
M. BIDEAUX, IMPRIMEUR-LIBRAIRE
1911

Généalogie

DE LA

Maison de Gazeau

Généalogie

DE LA

Maison de Gazeau

par M. Etienne de Lauzon
Conseiller général de la Vendée

avec la collaboration
de M. Emmanuel Gauvrit

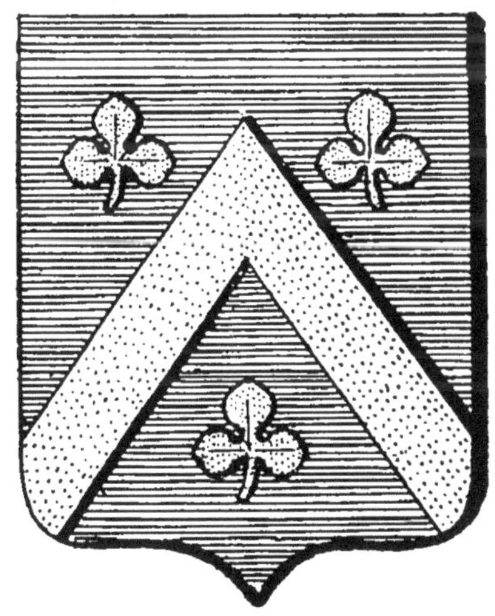

LUÇON
M. BIDEAUX, IMPRIMEUR-LIBRAIRE
1911

INTRODUCTION

Antiquités de la maison de Gazeau, ses armoiries, ses diverses branches. — Les plus anciens personnages appartenant à cette maison. — Autres familles du nom de Gazeau. — Preuves, etc.

Parmi les familles nobles du Poitou, il en est peu de plus anciennes que la maison de **Gazeau,** dont l'existence est prouvée dès 1236, mais dont la filiation ne commence qu'à partir du xve siècle. Elle s'est divisée en de nombreuses branches dont plusieurs existent encore, et porte *d'azur au chevron d'or, accompagné de trois trèfles de même, posés deux en chef et un en pointe* (1).

Grâce au *Dictionnaire historique et généalogique des familles du Poitou* publié par M. Henry Filleau, et aux titres de famille qui ont été conservés dans les archives de la Benatonnière, le Plessis-Gatineau et autres châteaux ayant appartenu à la maison de Gazeau, il nous a été permis de faire remonter la filiation d'une manière certaine jusqu'à l'année 1400, privilège rare, car dans ces temps reculés, les formes légales étaient irrégulièrement observées, et les guerres qui, pendant de longues années, désolèrent

(1) Gazeau, anciennement Gazeu, en Poitou, famille qui a formé plusieurs branches, dont il est parlé dans l'armorial de France, tome II, 1re partie. Les armes sont d'*azur au chevron d'or, accompagné de 3 trèfles de même, posés 2 en chef et 1 en pointe.* (*Histoire du Poitou*, par Thibaudeau).

Il y a aussi en Bretagne une famille du nom de Gazeau qui porte *d'or à l'aigle éployée de sable (Id.)*.

le Poitou, détruisirent les archives de la plupart des châteaux et des monastères de cette province.

Les de Gazeau furent marquis de Champagné, de la Boissière ; seigneurs de Marsays, la Roche-Mothe, la Mothe-Linouze, la Fontaine-Gazeau, le Langon, le Fief-Gazeau, la Boutarlière, Saint-André, le Bois-Saint-Martin, les Villates, la Greffelière, Grosbreuil, la Benastonnière, la Guigneraie, la Vergne, l'Etablière, Lerrière, la Grainetière, la Lière, les Grandes-Maisons, Puyraveau, le Ligneron, la Sauvagère, Ramberge, etc.

Les branches de la maison de Gazeau sont celles *de Champdoré, des Fontaines, de la Brandasnière, de la Boissière de Laudraire et des Boucheries, de Lerrière, du Plessis, de la Couperie et du Ligneron, de la Boüère* (1), *de Fouleresse, de la Touche,* etc.

Les plus anciens personnages appartenant à la maison de Gazeau dont l'existence soit connue, sont :

Jacques Gazeau, reconnu noble en 1230 (2).

P. Gazeau, miles, qui fait un accord, en 1236, avec le prieur de Montournois et rappelle dans cet acte son épouse, Pétronille, ses frères Thomas, prêtre, et Jean. (D'Hozier, t. II, art. Gazeau, p. 457-470) (3).

Nicolas Gazeau, valet, de la paroisse de Montournois (Vendée), fait une donation, le samedi après le dimanche *Lœtare* 1368, à son ami et parent Nicolas Fourestier (Forestier), seigneur de Saint-Philbert, devant « le notaire juré de la cour du scel établi aux contrats en la sénéchaussée de Poitou pour Mgr le prince d'Aquitaine et de Galles, au lieu nommé autrefois La Roche-sur-Yon, pour le roi de France (4). »

(1) La branche de la *Boüère* écartèle ses armes avec celles des *Cordons de la Boüère* qui sont : *de gueules au lion d'argent, armé, lampassé et couronné d'or.*

(2) *Histoire du Poitou* par Thibaudeau.

(3) Henry Filleau, *Dict. des fam. du Poitou*, 1909.

(4) *Id.*

Nicolas Gazeau, écuyer, seigneur de Puychabot, reçut un aveu de Jacques Mestivier pour son hôtel et herbergement de l'Orberie et ses dépendances, le 12 juin 1413. (Arch. du château d'Olbreuse.) Nicolas dut avoir un fils du même nom qui reçut des aveux pour son fief de Puychabot, de Mathelin Agroué, à cause de Marie Mestivier, sa femme, les 10 mai 14... et 30 mai 1541. Nicolas avait servi au ban de 1467, comme brigandinier du sieur de l'Aigle, et remplaça Denis Chabot à celui de 1491. Il avait épousé Françoise Ansgne ? et rendait aveu au comte de Dunois et de Longueville, seigneur de Vouvant et Mervent, le 25 février 1466, de son hébergement de Puychabot, relevant de Mervent, et de son droit d'usage dans la forêt dudit lieu de Merveut. Il eut aussi un fils, François, écuyer, seigneur de Puychabot, qui reçut comme tel aveu de Mathurin Agroué, à cause de Marie Mestivier, sa femme, le 18 décembre 14... François servit au ban des nobles du Poitou de 1497 (1).

Jeanne, dame de *Gazeau*, épousa, vers 1400, Pierre Aymeret, de Saint-Maxire, près Niort. (Cab. titres, 574.)

Jean Gazeau est l'un des 147 témoins produits par Jean de Montfaucon contre Guy de Beaumont, au sujet du mariage dudit de Montfaucon avec Marie de Beaumont, 1452-1459. (Arch. D.-S. E 1225. Chartr. de Saint-Loup). (2).

Jean Gazeau, fermier du greffe de la sénéchaussée de Poitiers en 1465, fut élu maire de cette ville au mois de juin 1471, et était, en 1480, un des échevins de la maison commune (3). Ce fut sous son administration que le Parlement fut transféré à Bordeaux et

(1) Henry Filleau, *Dict. des fam. du Poitou*, 1909.

(2) *Id.*

(3) Jean Gazeau, greffier de la sénéchaussée de Poitiers, en 1472. Suivant l'armorial des maires, de cette ville, il portait d'*argent au chevron de gueules, et à 3 trèfles de sinople. (Histoire du Poitou*, par Thibaudeau.)

que furent remboursées à la ville de Poitiers les 5.000 livres que sa première translation lui avait coûté, en 1469. (M. A. O. 1897, p. 444.) Peut être d'une autre famille ; cependant on lui donne les mêmes armoiries qu'aux Gazeau de la Brandasnière (1).

Guillaume Gazeau passa revue en archer le 30 novembre 1474. (Note de MM. Barbier.) (2).

François Gazeau, écuyer, seigneur de la Laudonnerie (?) transige, le 4 août 1506, avec Guillaume Masson, écuyer, seigneur de la Véronnière (Carrés de d'Hozier, 419, Masson.)

Marguerite Gazeau était, le 27 août 1510, épouse de Louis de Maillé, écuyer. (Gen. de Maillé.)

Charles de Gazeau est archer de la montre de l'amiral de Coligny passée en revue à Sens, le 9 décembre 1561. (Bibl Nat. Nouv. Acquis franç. 8624.)

N... Gazeau, de la religion protestante, fut tué à Jarnac, en 1569. (F.)

Elisabeth Gazeau assista, le 22 septembre 1620, au mariage de Samuel de Cailhault, écuyer, seigneur de la Groëzardière. (Gén. Cailhault.) (3).

Marie Gazeau de Lausonnière qui épousa, le 8 septembre 1670 (Merland et Chancelier étant notaires aux Essarts), Louis Aymon de Brachechien, baron de Belleville (4).

Il a existé en Poitou d'autres familles nobles portant le nom de Gazeau, qui ont eu une filialion à Mouilleron-le-Captif, Sainte-Flayve et autres lieux, mais dont les armes nous sont inconnues, ce qui ne nous a pas permis de les rattacher à la maison qui fait l'objet de notre étude. L'une d'elles a pour chef Claude Gazeau, sieur de la Chauvellière, qui épousa, vers 1610, Jeanne Foucher, dont plusieurs fils qui

(1) Henry Filleau, *Dict. des fam. du Poitou*, 1909.
(2) *Id.*
(3) Henry Filleau, *Dict. des fam. du Poitou.*
(4) *Chronique Paroissiale de Luçon*, t. vi, p. 616.

furent seigneurs de la Baritaudière, la Rousselière, les Vrignolles, et dont certains descendants naquirent à Sainte-Flayve, dans les années 1657, 1659, 1661, etc.

Une autre famille Gazeau, fixée à la Bretonnière, en Saint-Julien-des-Landes, avant 1634, y demeura jusqu'à la veille de la Révolution, mais les renseignements que nous avons recueillis sur son origine ne sont pas assez explicites pour nous autoriser à affirmer qu'elle descend de la grande maison de Gazeau qui est considérée comme l'une des plus anciennes et des plus illustres du Poitou.

La plupart des pièces justificatives, contrats de mariages, actes de vente, de partage etc., aveux, maintenances de noblesse, brevets, hommages, actes de procédure, etc., qui nous ont servi à dresser cette généalogie, sont entre les mains de M. Aimé de Gazeau qui les a reçus en partie de ses ascendants ; en partie, de son cousin, le marquis de Beaumont, qui les tenait lui-même de son aïeule maternelle, la comtesse de Bessay, dernier rameau de la branche de la Boissière.

Nous avons consulté encore les archives départementales, l'état-civil et les registres paroissiaux de plusieurs communes, l'Histoire des Guerres de la Vendée, les Chroniques paroissiales du diocèse de Luçon et divers ouvrages ayant trait à l'histoire de notre province.

CHAPITRE PREMIER

Branche de Champdoré

§ I — PREMIER DEGRÉ

Jean Gazeau, qui vivait au commencement du xve siècle, eut au moins pour enfants : 1° *Jean* qui suit; 2° *Mathurin*, bachelier ès-lois. (Arch. Vend. E.).

§ II — DEUXIÈME DEGRÉ

Jean Gazeau, écuyer, seigneur de *Champdoré* et de Marsays (Vendée), obtint en sa faveur une sentence des élus en Poitou sur le fait des aides ordonnées pour la guerre, sentence en date du 25 février 1446, dans laquelle les élus le disaient et déclaraient comme « noble né et extrait de noble lignée, devant jouir et user des privilèges et franchises dont jouissaient les autres nobles du pays de Poitou, etc. » (V. d'Hozier, t. ii, p. 457-470.)

Il épousa Catherine de *Marsays* ou Marçays qui lui apporta la terre de ce nom et dont il eut :

1° *Denis*, écuyer, seigneur de Marçays, la Roche-Mothe, la Mothe-Linouze et du Fief-des-Plantes (Marsays et Saint-Martin-des-Fontaines, Vendée) ; ayant été ajourné devant les commissaires du roi ordonnés sur le fait des francs-fiefs, il produisit les preuves de sa noblesse et obtint une sentence de décharge, datée de Parthenay, le 19 mars 1460. Il avait longuement servi à l'arrière-ban pour son père, fut fait prisonnier des Anglais et renvoyé pour aller chercher sa rançon en 1452. Il servit également au ban des nobles du Poitou de 1462 et épousa, le 16 octobre 1466, devant Cadet, prêtre, et Hugues Morand, notaire de Vouvant, Jeanne Prévost, fille de feu Guillaume Prévost, écuyer, et de Jeanne de la Roche, alors remariée à Guillaume de Léau, écuyer, seigneur du Châtelier. Il soutint contre sa mère et ses frères une longue suite de procès qui ne se terminèrent qu'après la mort de sa mère, par un acte d'accord en date du 24 juillet 1481, qui fixa définitivement le partage des biens de cette famille entre ses différents membres subsistant encore. Denis mourut sans postérité.

2° *Yvon* qui suit;

3° *Guillaume*, prêtre, vivant en 1466 et mort avant le 13 novembre 1480;

4° *Artus*, auteur de la branche de la Brandasnière, chap. III.

5° *Pierre*, mort religieux;

6° *Colas*, religieux profès de l'Ordre de Saint-Benoît en 1480.

Jean Gazeau, écuyer, seigneur de Champdoré, était mort avant le 16 octobre 1466. En 1471, devant Fillonneau, notaire à Vouvant, Catherine de Marsays, sa veuve, donne à Artus Gazeau, l'un de ses enfants, la moitié par indivis de tous les biens dont elle avait donné l'autre partie à Yvon Gazeau, son autre fils, lors de son mariage. Dans cet acte, il est parlé de Mathurin Gazeau, frère de Jean, bachelier ès-lois. (Arch. Vend. E.)

Catherine de Marsays est décédée en 1481 (1).

(1) Henry Filleau, *Dict. hist. et généal. des fam. du Poitou*, 1909.

§ III — TROISIÈME DEGRÉ

Yvon Gazeau, écuyer, seigneur de *Champdoré,* deuxième fils du précédent, fut remplacé, au ban de 1467, par Jean Sénégon, comme brigandinier du seigneur de l'Aigle, et rendit, le 22 novembre 1479, aveu au seigneur de Dompierre-sur-Boutonne pour son fief des Vignes qu'il tenait de sa femme.

Il avait épousé, le 5 novembre 1466, Françoise de *Russel,* fille de Robinet de Russel, écuyer, seigneur des Fontaines, et de N... Bruslon dont il eut :

1° *Léon* qui suit;

2° *Jean,* auteur de la branche des Fontaines, chap. II (1).

§ IV — QUATRIÈME DEGRÉ

Léon Gazeau, écuyer, seigneur de *Champdoré* et de la Fontaine-Gazeau, fils aîné du précédent, épousa, le 9 décembre 1515, Catherine du *Petit-Creux,* fille de feu Philippe du Petit-Creux, seigneur de la Guessonnière, et de feu dame Philippe d'Orfeuille, et décéda avant le 11 février 1527, ayant eu des enfants.

Sa veuve, tutrice de ses enfants mineurs, partagea à cette date, avec Philippe Gazeau son neveu, écuyer, seigneur des Fontaines, la succession d'Yvon Gazeau et de Françoise de Russel, grands-parents paternels de ces derniers.

Du mariage de Léon Gazeau de Champdoré et de Catherine du Petit-Creux nous ne connaissons que Françoise qui épousa, le 26 septembre 1551, Jacques Chevalier, écuyer, seigneur de la Coindardière et des Thais, et qui était veuve en 1576 (2).

(1) Henry FILLEAU, *Dict. hist. et généal. des fam. du Poitou* 1909.

(2) *Id.*

CHAPITRE II

Branche des Fontaines

Issue de celle de Champdoré

§ I — QUATRIÈME DEGRÉ

Jean Gazeau, écuyer, seigneur des *Fontaines,* fils puîné d'Yvon Gazeau, écuyer, seigneur de Champdoré et de Françoise de Russel (Chap. I, § III, 3e deg.), épousa Jacquette *Laydet,* dont il eut au moins, Philippe qui suit (1).

§ II — CINQUIÈME DEGRÉ

Philippe Gazeau, écuyer, seigneur des *Fontaines* et du Vert (Deux-Sèvres), fils du précédent, partagea, le 11 février 1527, avec Catherine du Petit-Creux, sa tante, la succession d'Yvon Gazeau, son aïeul, puis, le 27 novembre de la même année, rendit aveu du fief de la Brulonnière au seigneur de Dompierre-sur-Boutonne. Il acheta, en 1592, un étang et cours d'eau de la rivière de Boutonne, entre les moulins du Vert et de la Ville-des-Eaux (Le Vert, D.-S.), avec la pêche et quatre quartiers de prés, provenant de l'abbaye de Saint-Séverin, qui était dans l'impossibilité de payer les 1.224 livres, pour sa part dans

(1) Henry Filleau, *Dict. des fam. du Poitou,* 1909.

l'imposition sur le clergé de France. (Arch. D. S. E. 91).

Il avait épousé, 1° le 15 novembre 1551, Renée *de Saligné* (1), fille de Christophe de Saligné, écuyer, seigneur de Lardière, et de Catherine Suriette.

Il avait épousé, 2° Catherine *Bernard*, fille de Jean Bernard, écuyer, seigneur du Puy-Pallier, et de Simonne Pasquier.

Il eut pour enfants :

1° *Adrienne* (du 1er lit), mariée, le 30 août 1575, à Arthus de Fleury, écuyer, seigneur du Bois-de-Luché ;

2° *Jean* (du 2e lit), reçu chevalier de Malte en 1565.

3° *René* qui suit.

4° *Françoise*, mariée, le 7 mai 1585, à Philippe Chevalier, écuyer, d'après les Carrés de d'Hozier, 313, art. Grignon; peut-être y a-t-il confusion avec sa cousine (2) ?

§ III — SIXIÈME DEGRÉ

René Gazeau, écuyer, seigneur du Vert et des *Fontaines,* fils du précédent et de sa deuxième femme, Catherine Bernard, obtint une confirmation de noblesse, sur le vu de ses titres, le 6 mai 1599.

Il avait épousé Avoye *Petit,* fille de Antoine Petit, écuyer, seigneur de Boisfichet, et de Avoye du Bois, laquelle, devenue veuve, fonda, le 22 novembre 1616, une stipendie pour service annuel en la chapelle de la Madeleine, au cimetière de la paroisse de Saint-Hilaire-de-la-Celle à Poitiers. (Arch. Vien. Abb. de Saint-Hilaire-de-la-Celle) (3).

(1) La famille de Saligné (Poitou) porte *de gueules à 3 pals au pied fiché d'or, à la bordure dentelée de même.*

(2) *Dict. hist. et généal des fam. du Poitou,* p. H. Filleau.

(3) *Id.*

CHAPITRE III

Branche de la Brandasnière

Issue de celle de Champdoré

§ I — TROISIÈME DEGRÉ

Artus Gazeau, écuyer, seigneur de la *Brandasnière,* en Cezais (Vendée) et du Langon (Vendée), quatrième fils de Jean Gazeau, écuyer, seigneur de Champdoré, et de Catherine de Marçays (Chap. I, 2e deg., § II), fut remplacé, en 1475, à une montre de l'arrière-ban du Poitou, par Jean Raouleau, écuyer, qui comparut en son nom, suivant un certificat donné à Mauléon, le 27 septembre 1475, par Guy de Sainte-Flayve, chevalier, seigneur de Sainte-Flayve et de Languiller, capitaine de gens d'armes et de traits des nobles du pays de Poitou. Il fut aussi remplacé à l'arrière-ban de l'expédition du roi Louis XI en Bourgogne, après la mort du duc Charles le Téméraire, en 1478, suivant un certificat de Jacques de Beaumont, chevalier, seigneur de Bressuire, capitaine général des nobles et non nobles des pays et comtés de Poitou, Saintonge, etc., en date du 25 juillet. Il servit cependant en d'autres occasions et jouissait même d'une grande considération dans son pays. La preuve en résulte d'une lettre que lui écrivit François d'Orléans, comte de Dunois, dans les termes suivants : « Cher et bien-amé, le Roy nous a présentement envoyez par de ça pour donner ordre de pourviser à la garde de nos places et pour ce faire, nous a ordonné prendre en nos terres de Parthenay, Vouvent et Mervent, certain nombre de nobles, nos sujets, sur quoy nous avons advisé que pour la garde de nostre dicte ville de Vouvent, nous prendrons vous et aulcuns autres desdits nobles, comme au Roy et à nous seurs et stables et pour ce, veuillez vous tenir prest pour être et comparoir dedans icelle nostre ville de Vouvent, monté et armé, tout ainsi que vous avez accoustumé à estre à la Monstre et soubs les capitaines qui vous ont menné et conduit, dedans le sixième jour du mois de may prochain venant, et en ce ne veuillez faire faulte, cher et bien amé. Notre Seigneur vous aict en sa garde. Escript en notre ville de Parthenay, le XXVIIIe jour d'avril. Signé François, comte de Dunoys, seigneur de Parthenay, et plus bas, Viole. » La suscription est : « A notre bien amé, le seigneur de la Brandasnière, pour se trouver armé à Vouvent, pour faire service au Roy, comme noble. »

Arthus Gazeau avait épousé, p. contrat pass. dev. Fillonneau et Hervé, notaires, le 5 janvier 1471, Marie *Audouard, aliàs* Andouard, fille et unique héritière de François Audouard, écuyer, seigneur de la Brandasnière, et de Jeanne Mellet, qui lui apporta les fiefs et hôtel de la Brandasnière, avec la moitié des hôtel et hébergement du Langon. Il rendit hommage, les 4 juin 1472 et 30 juin 1496, pour la Brandasnière (au nom de son épouse) à la dame de Montgommery et à Geoffroy Prévost, seigneur du Langon. D'après un acte du 21 décembre 1497, Arthus eut pour enfants :

1° ***Mathurin,*** qui suit.

2° ***Urbain,*** auteur de la branche de la Boüère.

3° ***Claude,*** écuyer, seigneur de la Ribardière, décédé sans enfants, avant le 4 mars 1549, ayant épousé Anne de Surie (1).

(1) Henry FILLEAU, *Dict. hist. et gén.*

Arthus Gazeau eut encore plusieurs filles qui ne sont pas nommées (1).

§ II — QUATRIÈME DEGRÉ

Mathurin Gazeau, écuyer, seigneur de la *Brandasnière* et du Langon, fils du précédent, né vers 1476, donna, le 6 mars 1501, comme héritier de sa mère, un aveu de sa portion de l'hôtel du Langon à René Mesnard, chevalier, seigneur de Toucheprès et de la Roche-du-Langon, et à Bernarde de Puigirault, sa femme, et présenta en la cour de Vouvant, les 28 juillet et 26 décembre 1518, un hommage pour sa terre de la Brandasnière, tel que son père l'avait fait en 1496, le dernier jour de juin et lui-même, le 22 du même mois, en 1501. Dès cette dernière époque, on trouve qu'il avait pour femme Michelle *Bodin*, dame des *Cousteaux*, fille de Jean Bodin, écuyer, seigneur de la Rollandière, dont il partagea la succession avec son beau-frère Jean Bodin, écuyer, seigneur de la Rollandière et des Cousteaux, le 11 octobre 1507, ainsi que celle de Ysabeau de Rezay, leur aïeule.

Ils eurent entre autres enfants :

1° *Antoine*, qui suit.

2° *Pierre*, écuyer, seigneur du Plessis et de la Sarrazinière, qui fut curateur de son neveu Jean Gazeau, le 2 avril 1540, et vivait encore en 1552.

§ III — CINQUIÈME DEGRÉ

Antoine Gazeau, écuyer, seigneur de la *Brandasnière* et du Fief-Gazeau (par. de Pouillé, Vendée), fils du précédent, rendit hommage de ce dernier fief, le

(1) D'après d'Hozier.

24 mai 1530, à André de Vivonne, chevalier, seigneur de la Châtaigneraie, d'Ardellay, Meillé et de Pouillé, à cause de cette dernière seigneurie.

Il avait épousé, le 26 septembre 1519, par contr. pass: dev. Jean Boutin et François Arrivé, notaires à la Roche-sur-Yon, Louise *Bonnevin*, fille de Guion Bonnevin, écuyer, seigneur de la Sarrazinière, et de Catherine Drollin, *aliàs* de Raslay, en présence de François Gazeau, écuyer, seigneur de Puychabot, dont le degré de parenté n'est pas indiqué.

Il servit en archer au ban de 1533 et laissa pour enfants :

1° *Jean*, qui suit.

2° *Pierre*, mort avant le 14 avril 1571.

3° *Louise*, mariée à Alexis Royrand, écuyer, seigneur de la Pastelière, et décédée avant le 14 avril 1571.

§ IV — SIXIÈME DEGRÉ

Jean Gazeau, écuyer, seigneur de la *Brandasnière*, du Langon et du Fief-Gazeau, fit hommage de la Brandasnière, le 9 octobre 1564, à Léonor d'Orléans, duc de Longueville et d'Estouteville, baron de Vouvant.

Il avait épousé, le 25 avril 1552, par contr. pass. dev. Guéry et Gaignaud, notaires des cours de Sainte-Hermine et de Luçon (1), Jacquine *Vigier*, fille de Jean Vigier, écuyer, seigneur de Lardière, de Chaillé, etc., et de Anne Caiffard (2) dont il eut :

1° *Léon*, qui suit.

2° *François*, auteur de la branche du Plessis, chap. VII.

(1) Archives du Plessis-Gatineau.
(2) D'après d'Hozier.

3° *Jacques*, tige des seigneurs de la Couperie et du Ligneron, chap. VIII.

4° *Gillonne,* mariée à Toussaint Menanteau, écuyer, seigneur du Coudray et de la Girardière, décédée avant le 29 décembre 1597.

5° *Esther*, dame de la Girardière en 1587 et 1621.

6° *Lydie,* dame de la Mouraudière en 1599.

Jean Gazeau avait servi à l'arrière-ban de 1554, et était décédé avant le 28 octobre 1587, date du partage de sa succession entre ses enfants (1).

§ V — SEPTIÈME DEGRÉ

Léon Gazeau, écuyer, seigneur de la *Brandasnière* et de la Boutarlière (Chauché, Vendée), fils du précédent, émancipé, à l'âge de vingt-deux ans, par lettres données en la chancellerie à Paris, le 23 janvier 1576, ayant eu sa maison noble de la Brandasnière saisie sur lui, faute d'en avoir fait la déclaration au greffe des francs-fiefs et nouveaux acquêts, se pourvut devant Pierre Brisson, écuyer, seigneur du Palais, conseiller du roi, son sénéchal à Fontenay, qui, par jugement du 14 avril 1582, lui donna mainlevée de la saisie en le déclarant noble extrait de noble lignée, en conséquence des titres qu'il avait représentés depuis l'an 1236 (c'est-à-dire dont quelques-uns remontaient à cette époque). On ignore en quel temps Léon Gazeau avait commencé à servir dans la marine, mais il y avait acquis une grande expérience, puisqu'il fut de ceux à qui le roi Henri III permit d'armer pour Antoine, roi titulaire de Portugal, comme en fait foi le traité suivant :

« Entre très haut et très puissant prince Don Antoine, roi de Portugal, d'une part, et noble René

(1) Henry Filleau, *Dict. hist. et gén.*

Bodin, seigneur de la Rollandière, gentilhomme ordinaire de la chambre du roi (Henri III), au nom et comme se faisant fort de Léon Gazo *(sic)*, écuyer, seigneur de la Brandasnière, demeurant alors à la Boutarlière, a été convenu ainsi qu'il ensuit, c'est à savoir que ledit seigneur de la Brandasnière donnera à Sa Majesté Portugaise l'un des trois vaisseaux qui ont été pris en mer sur les Espagnols par les navires dudit seigneur de la Brandasnière, en outre d'un congé que Sa Majesté lui a fait expédier pour la guerre ; qu'en outre de cedit vaisseau dont elle aura le choix, il lui sera livré deux pièces d'artillerie des meilleures qui se trouveront sur les dits vaisseaux, avec deux tonneaux d'huile d'olive et six milliers de poissons, au moyen de quoi S. M. remettra audit seigneur de la Brandasnière tous les droits qui, en conséquence de ladite lettre de congé, lui appartiennent sur la prise desdits trois vaisseaux, pourvu toutefois qu'ils ne se trouvent chargés que de poisson et d'huile, et qu'ils n'aient point été pris sur les sujets de Sadite Majesté Portugaise. Le présent traité passé à Saint-Germain-des-Prés, dans l'hôtel de Sadite Majesté, le vendredi, 7 septembre 1584, pardevant Nicolas Le Camus et Guillaume de Netz, notaires à Paris. ».

Léon Gazeau avait épousé, le 25 février 1580, par contr. pass. dev. Suzenet et Gaudoin, notaires à Mouchamps, Ysabeau de ***Plouer***, fille de Jean de Plouer, écuyer, seigneur de Saint-Benoit, et de Renée Grossard, dame de la Roulière, dont il eut :

1° ***Léon***, qui suit (1).

2° ***Renée***, mariée le 18 novembre 1603, par dev. Dervé et Rabereuil, notaires de la baronnerie des Essarts, à Jean Dugast, seigneur de l'Aubouinière.

3° ***Françoise***, mariée, le 15 février 1605, par dev. Deryé et Rabereuil, notaires de la baronnie des

(1) D'Hozier ne lui donne pas d'autres enfants.

Essarts, à René Gourdeau, écuyer, seigneur d'Avaud et Saint-Vincent-sur-Jard (*Carrés* de D'HOZIER, t. 305, Gourdeau).

Léon Gazeau était décédé avant le 11 mai 1595, date où sa veuve rendit hommage, comme tutrice de son fils, pour la terre de la Brandasnière, à la châtellenie de Vouvant (1).

§ VI — HUITIÈME DEGRÉ

Léon Gazeau, écuyer, seigneur de la *Brandasnière* et de la Boutarlière, fils du précédent, fut baptisé dans l'église réformée, le 25 octobre 1585, au château du Parq, et épousa, le 24 avril 1613, par contr. pass. dev. Regnault et Richer, notaires en la juridiction de Fougeré, Marie du *Vergier* (2), fille de feu Jean-Baptiste du Vergier, écuyer, seigneur de Buchignon, de la Batardaie et de Saint-Aubin, et de Catherine d'Aulnies ou Aulnis, veuve en deuxièmes noces, de Daniel de Saligné, seigneur, baron de la Chèze. De ce mariage, célébré en l'église réformée, il eut :

1° *René*, écuyer, seigneur de la Brandasnière et de la Boutarlière, qui était sous la garde noble de sa mère, le 19 mars 1630, lorsqu'elle fit hommage pour lui de la Brandasnière entre les mains du sénéchal de Vouvant. Il servit en Lorraine avec son frère David, suivant un certificat du comte de Parabère en date du 12 novembre 1635, après avoir été au service dans la compagnie du seigneur de Guébriant au régiment des Gardes. Il épousa, le 25 mai 1644 (par contr. pass. dev. Dau et Brunereau, notaires en la

(1) H. FILLEAU, *Dict. hist. et gén.*

(2) Les du Vergier (Poitou) portent *de sinople à la croix d'argent, chargée en cœur d'une coquille de gueules, et cantonné de 4 coquilles d'argent.*

cour des vicomtés et châtellenies de la Jarrie, Merlatière et Rastelière), Renée Bonnevin, dame de la Braconnière et de la Rastelière, veuve de Charles d'Aunys ou Dauys, chevalier, seigneur de Lestortiere, et fille de Charles Bonnevin, chevalier, seigneur de la Rastelière, et de Catherine Regnon. René Gazeau mourut le 21 janvier 1662, et fut inhumé dans un oratoire situé à la Boutarlière, où l'on voyait son épitaphe. Sa veuve, Renée Bonnevin, fut maintenue en sa noblesse, le 25 mai 1670, par M. Rouillé du Coudray, en même temps que sa fille (1). René Gazeau et Renée Bonnevin avaient eu pour fille unique :

Marie *Gazeau*, dame de la *Brandasnière*, la Braconnière et la Rastelière, qui épousa, le 23 mai 1665, Jean-Philippe de Jaucourt, marquis de Villarnoul, baron de la Forêt-sur-Sèvre. Elle mourut à Paris, en l'hôtel du baron de Spanheim, envoyé de l'électeur de Brandebourg, en 1688, allant rejoindre son mari qui, après la Révocation de l'Edit de Nantes, s'était réfugié à la Haye, en 1687, comme protestant (2).

2° *David*, qui suit.

3° *Charlotte*, décédée sans alliance avant 1661.

4° *Charles*, tige des seigneurs de la Boissière, chap. IV.

5° *Marie*, veuve de Jean Hours, chevalier, seigneur de Pallaud. Ces trois derniers furent maintenus nobles par sentence de Rouillé du Coudray, du 15 juin 1670.

Léon Gazeau avait été maintenu dans sa noblesse, le 14 septembre 1624, par Amelot, intendant du Poitou, et décéda avant le 27 mars 1665, date du partage de sa succession.

(1) Henry Filleau, *Dict. hist. et gén.*
(2) *Histoire du Poitou*, par Thibaudeau.

§ VII — NEUVIÈME DEGRÉ

David Gazeau, écuyer, seigneur de *Saint-André* et de la Boutarlière, fils du précédent, fut maintenu dans sa noblesse par ordonnance du 15 juin 1670 et avait servi en Lorraine avec son frère suivant les termes du certificat donné par le Cte de Parabère. Il avait épousé, le 25 janvier 1645, par contr. pass. dev. Taillaizeau et Grolleau, notaires de la châtellenie de l'Hébergement-Ydreau, Suzanne *Barrière*, dame du Portault, fille de feu Etienne Barrière, écuyer, seigneur du Portault, et de Anne Chitton, remariée à Pierre de la Bussière, écuyer, seigneur de la Flotterie et de la Vrignonnière. De ce mariage naquit un fils unique :

René, qui suit (1).

§ VIII — DIXIÈME DEGRÉ

René Gazeau, chevalier, seigneur de la *Brandasnière* et du Bois-Saint-Martin (en Sainte-Cécile, Vendée), fils unique du précédent, assista au ban de 1690. Il avait épousé, le 23 juillet 1678, par contr. pass. dev. Génès et Robin, notaires de la baronnie de la Chaize-le-Vicomte, Julie-Anne des *Villates*, fille de Gabriel des Villattes, écuyer, seigneur des Villattes et de Champagné, et de Louise de Régnon, dont naquirent :

1° *Henri*, qui suit.

2° *Gabriel*, âgé de seize ans environ, en 1699, était, le 10 mars 1710, capitaine au régiment de Mornac, demeurant ordinairement à la Rochelle, et faisait

(1) D'après d'Hozier et Beauchet-Filleau.

hommage à cette date de la Brandasnière (Arch. Nat. P. 437[2].)

René Gazeau était décédé avant le 25 juillet 1715. A cette date, sa veuve, Julie-Anne des Villattes, fut maintenue en sa noblesse par ordonnance de Quentin de Richebourg.

§ IX — ONZIÈME DEGRÉ

Henri Gazeau, chevalier, seigneur de la *Brandasnière,* baron de Champagné, seigneur des Villattes et du Bois-Saint-Martin, chevalier de Saint-Louis, fils du précédent, était tenu à hommage envers le roi pour sa terre de Champagné-les-Marais, mouvante de Fontenay-le-Comte. Il fut maintenu dans sa noblesse avec sa mère, par sentence du 25 juillet 1715, rendue par M. de Richebourg, et fut admis en la qualité de baron de Champagné, en la cour des aides, le 26 avril 1724.

Il avait épousé, 1° le 2 septembre 1711, par contr. pass. dev. Chauveau et Michon, notaires de la châtellenie d'Aubigny, Marie-Renée, *aliàs* Marie-Anne *Le Roux de la Corbinière* (1), fille de Pierre Le Roux, écuyer, seigneur de la Corbinière, châtelain d'Aubigny et en partie du bourg de Nieul-le-Dolent, et de Françoise Papion, dont il était veuf en 1725, ayant eu d'elle plusieurs enfants, et laquelle avait été inhumée en l'église de Nieul-le-Dolent où l'on voit encore sa pierre tombale.

Il avait épousé, 2° Anne-Marie-Angélique *de Bessay*, descendante de l'illustre maison des rois de Jérusalem et de Chypre (2).

(1) Les Le Roux (Poitou) portent *d'azur à un lion d'or couronné et lampassé de gueules.*

(2) Les de Bessay (Poitou) portent *de sable à 4 fusées d'argent posées en bande* avec la devise : *Fac quod debes et non timeas.*

Il eut du 1er lit :

1° *Louis-Alexandre-Henri*, chevalier, seigneur de la Brandasnière, décédé sans alliance.

2° *Jacques-Louis François*, qui suit.

3° *Marie-Anne-Françoise, aliàs* Marie-Perrine-Henriette (1), qui épousa : 1° par contrat pass. dev. Brunet, notaire de Puybéliard, le 14 avril 1733, François-Mathurin-Henri Foucher, marquis de Circé, capitaine au régiment de Dragons-Orléans (2) ; 2° à Niort, le 12 avril 1763, Georges-Gabriel Vauthier de Moyencourt.

Il eut du 2e lit :

4° *Paul-Henri-François*, marquis de Champagné, comte de Bessay, chevalier de Saint-Louis, mort sans alliance (3).

5° *Gabrielle-Paule-Henriette*, dame des Villates, mariée, le 21 juillet 1748, à Louis-Joseph-Dominique, marquis de la Fare, maréchal des camps et armées du roi, maître de camp de cavalerie de Maison Saint-Alaize, Saint-Alexandre et autres places, dont elle eut entre autres enfants :

A. — *Gabriel-Joseph-Marie-Henri de la Fare*, né en 1749, qui, par ses talents poétiques et sa bravoure militaire, acquit une réputation marquée dans l'armée et le monde des lettres (4).

B. — *Anne-Louis-Henri, duc de la Fare*, député aux Etats-

(1) Elle recueillit dans la succession paternelle la terre du Bois-de-Saint-Martin, en la paroisse de Saint-Martin-des-Noyers (Ann. de la Soc. d'Emul. de la Vend.)

(2) François-Mathurin-Henri *Foucher*, marquis de Circé, né au château de Circé, parsse de Sepvret (D.-S.), le 20 octobre 1705, fils aîné de Jean-Henri Foucher, marquis de Circé, et d'Elisabeth Aubert, brave soldat, mais dissipateur, ayant vu vendre sa terre de Circé, par décret, vers 1735, se retira chez son oncle le marquis de Montausier, au château de la Salle, où il finit ses jours (*Généalogie de la Maison de Foucher*, par le Comte Ate DE LOISNE).

(3) H. FILLEAU, *Dict. hist. et gén. des fam. du Poitou.*

(4) *Chroniques Paroissiales du diocèse de Luçon*, p. MM. AILLERY et PONDEVIE.

Généraux, archevêque de Sens, cardinal et pair de France, né à Montluçon (Allier), le 8 septembre 1752. Il était évêque de Nancy lorsqu'il fut élu député par le baillage de cette ville, quitta l'assemblée en 1791 et émigra en Allemagne, puis en Autriche où il fut ministre de Louis XVIII auprès de la cour de Vienne. Rentré en France en 1814, il devint premier aumônier de la duchesse d'Angoulême, fut nommé archevêque de Sens en 1817; pair de France, le 31 octobre 1822; cardinal en 1823, il présida au sacre de Charles X en 1825 et mourut à Paris, le 10 décembre 1829 (1).

c. — ***Adélaïde-Pauline-Françoise de la Fare***, née à Bessay, le 30 septembre 1753, fut admise, grâce à la très ancienne noblesse de sa famille, dans le chapitre des chanoinesses-comtesses de Largentière, au diocèse de Lyon, et épousa, peu après, Jean-François Prévost, écuyer, seigneur de la Boutetière et de Saint-Mars, capitaine de cavalerie au régiment d'Orléans, lequel, aussi distingué par le charme de son esprit que par l'intrépidité de son caractère, a laissé sur son émigration en Allemagne un très intéressant manuscrit (2).

Henri Gazeau de la Brandasnière mourut, le 28 ou 29 avril 1738, âgé de 52 ans environ et fut inhumé en l'église de Bessay.

§ X. — DOUZIÈME DEGRÉ

Jacques-Louis-François Gazeau de la Brandasnière, baron de Champagné, fils du précédent et de sa première femme, Marie-Anne Le Roux de la Corbinière, né le 7 juillet 1716, fut pourvu de la charge d'écuyer de la Reine, au mois d'octobre 1739.

Il épousa 1° Henriette-Angélique-Lucie *Foucher de Circé* (3), fille, croyons-nous, de Jean-Henri Foucher, marquis de Circé, et de Marie-Elisabeth

(1) *Dictionnaire historique et biographique de la Révolution et de l'Empire*, par. MM. ROBINET, ROBERT et LE CHAPLAIN.

(2) *Chroniques Paroissiales du diocèse de Luçon.*

(3) Les Foucher (Poitou) portent *de sable au lion d'argent*, avec la devise : *Ex sanguine virtus.*

Aubert (1), dont il eut une fille, Françoise-Marie, baptisée à Saint-Pierre-de-Laleu (La Rochelle), le 18 décembre 1755.

Il épousa, 2° Marie-Claire-Pélagie *de Jousbert du Landreau* (2), fille de René-Julien de Jousbert, chevalier, seigneur baron du Landreau, et de Marie-Claire Duchesne du Mesnil, dont une fille unique, Marie-Louise-Julienne, baptisée le 8 janvier 1778, qui eut pour marraine sa tante, Marie-Françoise-Perrine-Henriette Gazeau de la Brandasnière, veuve en deuxièmes noces de Georges-Gabriel Vauthier de Moyencourt. Marie-Louise-Julienne épousa N... Carnizot de Mauray et termina la branche de la Brandasnière.

Le 1er août 1780, Marie-Claire-Pélagie du Landreau, étant veuve, assiste au conseil de famille réuni pour sa fille mineure, Marie-Louise-Julienne.

L'aïeul maternel, René-Julien, baron du Landreau, y assiste aussi (3).

(1) Henriette-Angélique-Lucie Foucher de Circé ne figure pas parmi les enfants de Jean-Henri Foucher, marquis de Circé, et de Marie-Elisabeth Aubert, dans la généalogie de la maison de Foucher par le Cte de Loisne.

(2) Les de Jousbert du Landreau (Poitou) portent *d'azur à trois molettes d'éperon d'or.*

(3) D'après Beauchet-Filleau, 1re édition.

CHAPITRE IV

Branche de la Boissière

Issue de celle de la Brandasnière

§ I — NEUVIÈME DEGRÉ

Charles Gazeau, écuyer, seigneur de la *Greffelière* et de la *Boissière* (Vend.), troisième fils de Léon Gazeau, écuyer, seigneur de la Brandasnière, et de Marie du Vergier (Chap. III, § VI, 8e deg.), fut maintenu dans sa noblesse, avec son frère David, par ordonnance du 15 juin 1670, rendue par Rouillé du Coudray, et fit aveu, le 26 août 1675, à Abraham Tinguy, seigneur châtelain de Nesmy, par ses maison et hôtel noble de la Boissière.

Il avait épousé, le 23 février 1661, par contr. pass. dev. Martin et Parrayne, notaires à Talmont, Diane *Aubert,* dame de la *Baslinière* (1), fille de feu René Aubert, chevalier, seigneur de Garnault, et de feu Madeleine de Jaudouin (mariage protestant), et en eut un fils unique, *Louis-Alexandre* qui suit (2).

Diane Aubert et Charles Gazeau étaient déjà morts en 1685.

(1) Les Aubert (Poitou) portent *d'argent à 10 roses de gueules, posées 4, 3, 2 et 1.*

(2) D'après d'Hozier.

§ II — DIXIÈME DEGRÉ

Louis-Alexandre Gazeau, écuyer, seigneur de la *Boissière,* fils unique du précédent, né en 1662, épousa, le 4 août 1685, par contr. pass. dev. Olliveau et Degrie, notaires à Talmont, Marie-Madeleine *Audayer de la Benastonnière* (1), fille de feu Hector Audayer (2), écuyer, seigneur de la Benastonnière, et de Marie Raclet (mariage protestant), dont il eut :

1° *Louis-Alexandre* qui suit.

2° *Marie,* baptisée le 5 mars 1687, mariée à Charles Guinebault, écuyer, seigneur de la Millière (3), par contrat du 2 décembre 1717, pass. dev. Queneau et Péault, notaires aux Sables-d'Olonne, reçut la bénédiction nuptiale, en l'église des Sables, le 21 décembre 1717 (4).

3° *Léon,* baptisé le 17 avril 1688, religieux profès en l'abbaye de Sainte-Croix de Talmond, en 1715, mort en 1720.

D'après la *France Protestante*, de HAAG, Louis-Alexandre Gazeau s'expatria en Angleterre avec sa famille, à la révocation de l'Edit de Nantes, mais sa femme l'abandonna en 1689, pour revenir en France avec sa fille. Il testa, le 20 octobre 1685, et cependant ne mourut que quelques années plus tard (5).

(1) Les Audayer (Poitou) portent *de gueules à la croix ancrée d'or.*

(2) La famille Audayer avait le droit de sépulture, banc et oratoire dans le chœur de l'église de Grosbreuil, et celui d'y mettre armoiries en vitres au dedans et au dehors, à l'exclusion de tous autres. Ce droit avait été concédé aux châtelains de la Benastonnière, le 8 juillet 1548, par Louis III de la Trémoille, vicomte de Thouars et prince de Talmond *(Ann. de la Soc. d'Emul. de la Vend. 1901).*

(3) Les de Guinebault (Poitou) portent *de gueules à trois roses d'argent.*

(4) Registres de la paroisse des Sables.

(5) H. FILLEAU, *Dict. hist. et gén.*

Marie-Madeleine Audayer, veuve de Louis-Alexandre Gazeau, fut maintenue noble, le 25 juillet 1715, par sentence de M. Quentin de Richebourg (1). Elle mourut à l'âge de 64 ans et fut inhumée en l'église de Saint-Pierre-de-Talmond (2).

§ III — ONZIÈME DEGRÉ

Louis-Alexandre Gazeau, chevalier, seigneur de la *Boissière-Brandasnière*, Grosbreuil (Vend.), et en partie de la maison noble de la Baslinière (maison dont il était devenu le propriétaire avec son frère et sa sœur, comme héritiers de Judith Aubert, absente du royaume pour cause de religion), dont il fit hommage au seigneur châtelain de la Merlatière, le 1er août 1704. Il fut maintenu en sa noblesse avec sa mère, le 25 juillet 1715, par Quentin de Richebourg et avait épousé, le 12 février de la même année (1715), par contr. pass. dev. Duval et Thoumazeau, notaires de la Chaize-le-Vicomte (mariage célébré en cette paroisse le 4 mars suivant), Marie-Marguerite-Henriette *de Morais* (3), fille de feu Henri de Morais, chevalier, marquis de la Flocellière, et de feu Marguerite Baudouin, dame des Arpents, dont il eut :

1° *Marie-Marguerite-Henriette,* morte jeune.

2° *Louis-Charles*, qui suit.

3° *Henriette-Charlotte-Sévère,* demoiselle de la Véronnière, décédée à Luçon, le 28 juillet 1792.

4° *Bénigne-Théodore,* demoiselle de la Guigneraye,

(1) Beauchet-Filleau, 1re édition.

(2) Marie-Madeleine Audayer mourut vraisemblablement dans les premiers mois de 1726. Un service funèbre fut célébré à son intention, en l'église des Sables, sa paroisse, le 30 mars 1726 *(Registres Paroissiaux)*.

(3) Les de Morais (Beauce) portent *d'or à 6 annelets de sable, posés 3, 2 et 1.*

qui épousa, le 19 février 1754, Joseph-Louis des Hommes, chevalier, seigneur d'Archiais, capitaine au régiment du Roi-Infanterie, dont elle était veuve en 1773.

5° *Alexandre-Joseph,* chevalier de Saint-Louis, né le 17 janvier 1720, reçu page du roi dans sa grande écurie, le 18 janvier 1738, capitaine au régiment d'Aquitaine-Infanterie en 1760, mort sans alliance, après 1780.

6° *Gabriel,* auteur de la branche de Laudraire.

7° *Marie-Anne-Eulalie,* demoiselle de Laudraire, née le 2 octobre 1726, mariée, le 2 mars 1756, par contr. pass. dev. Mourain, notaire de la baronnie de Brandois, à Joseph-Méliton de Cumont, chevalier, seigneur du Buisson (par. du Puy-Saint-Bonnet), la Richardière, la Guérinière et autres lieux.

8° *Auguste,* seigneur de la Guigneraye, mort jeune.

Louis-Alexandre Gazeau de la Boissière mourut veuf et fut inhumé le 21 mai 1733.

§ IV — DOUZIÈME DEGRÉ

Louis-Charles Gazeau, chevalier, marquis de la *Boissière*, seigneur de Grosbreuil, la Benastonnière, la Guigneraye, la Vergne, l'Etablière, etc., fils du précédent, né le 15 septembre 1717, fut fait chevalier de Saint-Louis, capitaine des grenadiers au régiment du Roi, colonel du régiment du Roi-Infanterie, le 15 décembre 1767, puis brigadier des armées du Roi et se retira avec une pension de 2000 livres (1).

Il épousa 1° le 20 octobre 1753, par contr. pass. dev. Bouchet et Guerry, notaires de Mortagne, Marie-Henriette-Charlotte *Jousseaume de la Bre-*

(1) Notes de feu la comtesse de Bessay, née Gazeau de la Boissière, sa petite fille.

tesche (1), fille de Armand-Louis Jousseaume, chevalier, seigneur, marquis de la Bretesche, vicomte de Tiffauges, etc., et de Marie-Henriette-Elisabeth du Bois, baronne de Suzannet, dont il n'eut pas d'enfants (2).

Il épousa 2°, le 15 juin 1773, par contr. pass. dev. Tampon et Ruchaud, notaires de Beaulieu-sous-la-Roche, Marie-Henriette de ***Morais***, sa cousine-germaine, fille de Charles-Jean-Baptiste de Morais, chevalier, seigneur de la Boscherie, et de Marie-Anne Jaillard de la Maronnière (3), dont il eut :

1° *Henriette-Charlotte-Gabrielle*, née le 14 septembre 1775, mariée à N... Rousselot de Saint-Céran, et morte en couches (4).

2° *Louis-Charles*, qui suit.

Louis-Charles Gazeau de la Boissière fit partie du rassemblement de la Proutière, dispersé, le 28 juin 1791, par la colonne républicaine de Laverand, et tenta de s'embarquer pour Guernesey, le 3 août suivant, avec quelques parents et amis, mais arrêté en même temps qu'eux à la Fosse, près Noirmoutier, il fut ramené aux Sables, emprisonné et amnistié le 26 septembre 1791. Arrêté de nouveau, à sa terre de la Benastonnière, le 15 mai 1793, incarcéré aux Sables où sa femme et son fils vinrent partager sa prison, il fut condamné à mort, le 21 mars 1794, par le Tribunal révolutionnaire de cette ville, et exécuté, le 22 mars 1794. Comme il était âgé de 77 ans et paralytique, on le porta au supplice dans un méchant fauteuil (5).

(1) Les Jousseaume de la Bretesche (Poitou) portent *de gueules à 3 croisettes pattées d'argent et une bordure d'hermines*.

(2) Elle était aussi châtelaine de la Jaudonnière, Pouillé et autres lieux.

(3) Les Jaillard de la Maronnière (Poitou) portent *d'azur à trois tours d'or, maçonnées de sable*, avec la devise : *Turres fortitudo tenuit*.

(4) Notes de feu la comtesse de Bessay.

(5) *Prisons des Sables-d'Olonne*, par l'abbé Renolleau.

Sa veuve, Marie-Henriette de Morais, survécut à la Révolution.

§ V — TREIZIÈME DEGRÉ

Louis-Charles Gazeau de la Boissière, chevalier, seigneur de la Boissière, Grosbreuil, la Benastonnière, fils unique du précédent, né à la Benastonnière, par[sse] de Grosbreuil, le 17 février 1778, et baptisé le 18 septembre de la même année, n'avait que 15 ans lorsqu'il fut arrêté en même temps que sa mère, dans les premiers jours de 1794, et incarcéré aux Sables-d'Olonne où son vieux père, déjà prisonnier, allait être condamné à mort. Il fut élargi en même temps que sa mère, en février 1795, à la suite de l'amnistie de la Convention du 9 décembre 1794 (1).

Il épousa Cécile *Martin d'Ingrande,* née à Paris, fille de Claude-François Martin d'Ingrande, trésorier particulier des sénéchaussées pour la généralité de Paris, et chef de bureau pour les sénéchaussées du royaume, et de Françoise-Antoinette Delau de la Croix, dont naquirent :

1° *N...*, né à Paris, et mort en bas âge, au même lieu.

2° *N...*, né à Paris, et mort en bas âge, au même lieu.

3° *N...*, né à Paris, et mort en bas âge, au même lieu.

4° *Geneviève-Nelly-Henriette,* née à Paris, le 4 avril 1806, mariée, le 17 octobre 1827, à Paul-Isaac-Benjamin, comte de Bessay, officier de cavalerie démissionnaire, fils aîné de Paul-Isaac-Marie-Félix, comte de Bessay, ancien aide-de-camp du général de

(1) *Prisons des Sables-d'Olonne*, par l'abbé Renolleau

Sapinaud et chef d'escadron à l'armée royale du Poitou, chevalier de la Légion d'honneur, et de Geneviève-Mélanie de Chasteigner, né le 7 octobre 1802, dont une fille unique :

Geneviève-Louise-Mélanie *de Bessay*, née à la Benastonnière, le 2 août 1829, épousa, à Grosbreuil, le 17 octobre 1853, Marie-Antoine-Arthur, comte de Beaumont de Verneuil d'Autry, chambellan de l'empereur d'Autriche, colonel d'état-major de l'armée pontificale. Elle est décédée à la Benastonnière, le 11 juin 1871. Son époux est mort à la Garcillière, le 20 mai 1892 (1).

Le comte Paul de Bessay est mort à la Benastonnière, en 1888 ; sa veuve, Nelly Gazeau de la Boissière, est décédée au même lieu, le 13 octobre 1894. En elle s'est éteinte la branche de la Boissière.

5° *Louise-Marie-Laure*, née à Paris, le 18 juillet 1810, décédée à la Benastonnière, le 12 août 1825.

Cécile Martin d'Ingrande, épouse de Louis-Charles Gazeau de la Boissière, est morte à Paris, le 26 juillet 1810, âgée de 35 ans. Louis-Charles est décédé en son château de la Benastonnière, commune de Grosbreuil, le 21 février 1856 (2).

(1) La comtesse de Beaumont, morte en 1871, inhumée successivement dans le cimetière de Grosbreuil et dans la chapelle du château de la Garcillière, fut descendue, en 1892, en même temps que le cercueil de son époux, dans la crypte de la chapelle de Bourgenay.

(2) Notes inédites de feu la comtesse de Bessay, née Gazeau de la Boissière.

CHAPITRE V

Branche de Laudraire et des Boucheries

Issue de celle de la Boissière

§ I — DOUZIÈME DEGRÉ

Gabriel Gazeau de la Brandasnière, chevalier, seigneur de *Laudraire*, la Véronnière, la Rabretière et la Lière, capitaine au régiment d'Aquitaine-Infanterie, chevalier de Saint-Louis, sixième enfant de Louis-Alexandre Gazeau, chevalier, seigneur de la Boissière-Brandasnière, et de Marie-Marguerite-Henriette de Morais (Chap. IV, § III, 11e deg.), naquit à la Benastonnière et fut baptisé à Grosbreuil, le 13 août 1725 (1).

Il épousa, le 4 février 1757, par cont. pass. dev. Tampon, notaire de la baronnie de Sainte-Flaive, Jeanne-Marie-Louise *Baudouin de la Lière* (2), fille de Adrien-Théodore Baudouin, chevalier, seigneur de la Lière, et de feu Marie-Jeanne Robert de Lézardière qui lui apporta la terre de la Lière, en Sainte-Flaive-des-Loups, où il se fixa après son mariage et dont il eut :

(1) Notes communiquées par la famille de Gazeau.

(2) Les Baudouin de la Lière (Poitou) portent *d'argent au chevron de gueules accompagné de trois hures de sanglier mirrées et allumées d'argent.*

1° *Louise*, baptisée le 18 janvier 1758.

2° *Alexandre-Gabriel-Louis-Adrien*, chevalier, seigneur de la Lière, né à la Lière, le 6 juin 1760 (1) épousa Louise-Bénigne-Françoise Baudry de la Burcerie, née le 6 février 1767, fille de Jacques-Louis-Gabriel Baudry, seigneur de la Burcerie (en Nieul-le-Dolent), et de Louise-Bénigne de Rossy, et mourut à la Rochelle, le 25 juin 1793, ayant eu pour enfants :

A. — *Sévère-Bénigne-Louise*, baptisée le 28 juin 1791, morte à 17 mois et inhumée à Sainte-Flaïve-des-Loups, le 5 décembre 1792.

B. — *Alexandre*, né le 1er juillet 1792, et mort sans posterité, à l'âge de 20 ans (2).

Louise-Bénigne-Françoise Baudry de la Burcerie, veuve de Louis Gazeau de Laudraire, arrêtée comme suspecte, le 5 janvier 1794, emprisonnée aux Sables, expédiée en juin 1794 à l'Ile de la Montagne (Noirmoutier) et délivrée par le 9 thermidor (3), se remaria, le 27 août 1796, à Sainte-Flaive-des-Loups, avec Jacques-Léon Frappier.

3° *Louis-Henri-Théodore*, qui suit.

4° *Pierre-Gabriel*, qui porta le nom de Gazeau de Laudraire, né à la Lière, baptisé à Sainte-Flaive-des-Loups, le 9 mars 1764, fut admis à l'école militaire de la Flèche, le 22 octobre 1772, sur preuves signées d'Hozier de Sérigny, et devint officier au régiment de l'Ile-de-France. Garde du Corps du Roi, il émigra pendant la Révolution, et servit comme officier à la solde anglaise dans l'île de la Jamaïque. Se trouvant à Londres en 1802, il ne put rentrer en France parce

(1) Baptisé, le même jour, à Sainte-Flaive, il eut pour parrain et marraine : Alexandre-Joseph Gazeau de la Brandasnière, chevalier, seigneur de l'Audraire, capitaine au régiment d'Aquitaine-Infanterie, son oncle, et Dlle Marie-Louise-Aimée Baudouin de la Lière. (Reg. par. Sainte-Flaive).

(2) Notes communiquées par la famille Gaudin.

(3) *Les Prisons des Sables*, par M. l'abbé Renolleau.

que n'ayant pas été rayé de la liste des émigrés, et resta en Angleterre où il vécut dans la gêne. Il rentra enfin en France, au moment du retour des Bourbons, en 1815, et mourut sans alliance, vers 1839, à Talmont (1).

5° *Théodore*, baptisé le 28 avril 1765 et décédé le 9 mai de la même année.

6° *Charles-Augustin*, chevalier de la Lière, connu sous le nom de Gazeau des Arpents (frère jumeau de Marie-Désiré-Bonaventure), né à la Lière, le 27 janvier 1767, et baptisé le même jour à Sainte-Flaive-des-Loups (2), fut garde du corps du roi Louis XVI, émigra et mourut à Kingston (Jamaïque), où il fut inhumé, le 22 novembre 1798. Le 24 janvier 1796, il avait testé en faveur de ses trois frères, Louis-Henri-Théodore, Pierre-Gabriel et Marie-Désiré-Bonaventure (3).

7° *Marie-Désiré-Bonaventure* (frère jumeau de Charles-Augustin), tige des seigneurs de Lerrière, chap. VI.

Gabriel Gazeau de l'Audraire mourut le 3 août 1787. Sa veuve, Jeanne-Marie-Louise Baudouin de la Lière, est décédée le 9 juin 1789 (4).

§ II — TREIZIÈME DEGRÉ

Louis-Henri-Théodore de Gazeau des Boucheries, chevalier, seigneur des Arpents, troisième

(1) Notes communiquées par la famille de Gazeau.

(2) Il fut tenu sur les fonts baptismaux par son frère aîné, Louis Gazeau de la Brandasnière, âgé de 6 ans et demi, et par dame Jeanne Potier, représentant Charlotte Baudouin, dame de la Barbinière (Reg. par. S[te] Fl.).

(3) H. FILLEAU, *Dict. hist. et gén. des fam du Poitou.*

(4) La Lière a été brûlée pendant la Révolution. Les ruines du château et la terre de la Lière sont la propriété de M. Pierre Rochet qui a acheté naguère ce domaine de la famille Le Maignan de l'Ecorce

enfant du précédent, né le 2 juin 1761, émigra pendant la Révolution et habita Talmont, à son retour de l'exil.

Il épousa, le 7 février 1803, Pauline-Elisabeth *de Lespinasse,* dont il eut :

1° *Anna-Pauline-Henriette-Cécile,* née en 1803, morte sans alliance, aux Sables-d'Olonne, le 11 avril 1867.

2° *Henriette-Claire-Désirée,* née en 1804, mariée à Sébastien Dautriche, juge au tribunal de Bressuire, dont neuf enfants.

3° *Louis-Aristide,* né le 22 août 1805, fit la campagne d'Espagne, en 1828, et épousa, le 9 décembre 1834, Louise Le Doüarain de Lémo, fille de Pierre Le Doüarain de Lémo et de Louise de Madroux, dont naquirent :

A. — *Louis,* né en juillet 1837, mort un mois après.

B. — *Marie,* née le 7 septembre 1840, mariée, le 5 octobre 1869, à Ernest-Lucas de Bourgerel, fils de Félix de Bourgerel et de N... Chevrier.

C. — *Hermine,* née le 19 août 1843, sans alliance, résidant en 1904 à Guégou (Morbihan).

D. — *Zoé,* née le 5 juin 1848, a épousé, le 10 février 1876, Joseph Le Maignan de Kangat, fils de Aimé Le Maignan de Kangat et de N... Nancy de Gourden.

Louis-Aristide de Gazeau des Boucheries est décédé le 7 mai 1863, et sa veuve, Louise Le Doüarain de Lémo, le 16 décembre 1879 (1).

4° *Joseph-Henri,* né à Talmont, en 1809; sans fortune, fut hospitalisé par son parent, le comte de Bessay, au château de la Benastonnière, où il est décédé, sans alliance, le 23 juillet 1885 (2).

5° *Eugène-Théodore,* né à Talmont, le 17 juin 1813, frère jumeau de Paul-Gabriel et de Mélanie, marié,

(1) Notes communiquées par Mlle Hermine de Gazeau des Boucheries.

(2) Il a été inhumé en le nouveau cimetière de Grosbreuil.

le 23 juillet 1840, à Emilie-Marie-Désirée Follenfant, née le 7 juillet 1820, fille de Alexandre-René-Emeric Follenfant et de Anne-Emilie Caillard, demeurant à Feneu (Maine-et-Loire), dont naquirent :

A. — *Emilie-Marie-Henriette*, née, le 5 juillet 1841, à l'Allen (Maine-et-Loire), qui épousa, le 14 octobre 1874, Alexandre-Marie du Bec-Crépin de Tréogat, né à Rennes, le 16 avril 1837, fils de Edouard-Philippe-Auguste-Marie du Bec-Crépin de Tréogat, et de Juliette-Prudence Philippe. Elle décéda le 15 mai 1875, et son époux, le 16 mars 1876.

B. — *Pauline-Alexandrine-Marie*, née à l'Allen, le 20 octobre 1842, mariée, le 6 novembre 1877, à Marie-Victor Frémont, entreposeur des tabacs à Paimbœuf, fils de Marie-Joseph-Alexandre Frémont et de Victoire-Marguerite Gaultier de Beauvallon, né à Marsac (Loire-Inférieure), le 25 décembre 1839, mort à Paimbœuf (Loire-Inférieure), le 22 avril 1894.

Eugène-Théodore de Gazeau des Boucheries est mort, le 9 juin 1849, à l'Allen, commune de Savennières (Maine-et-Loire). Sa veuve, Emilie-Marie-Désirée Follenfant, est décédée à Rennes, le 18 octobre 1879.

6° *Mélanie*, sœur jumelle de Eugène-Théodore et de Paul-Gabriel, morte en 1820, âgée de 7 ans.

8° *Paul-Gabriel*, qui suit.

Louis-Henri-Théodore de Gazeau des Boucheries, avant d'émigrer, avait pris part au rassemblement de la Proutière, dispersé le 28 juin 1791, et s'était embarqué le 3 août suivant avec plusieurs parents et amis qui furent arrêtés avec lui près Noirmoutier et emprisonnés aux Sables, où ils furent amnistiés le 26 septembre 1791 (1). Après la Révolution, il résida pendant quelques années à sa terre de la Giraudière, près la Mothe-Achard. Il est décédé en 1828. Son épouse, Pauline-Elisabeth de Lespinasse, lui a survécu.

(1) *Les Prisons des Sables*, par M. l'abbé Renolleau.

§ III — QUATORZIÈME DEGRÉ

Paul-Gabriel de Gazeau des Boucheries, huitième enfant du précédent, frère jumeau de Eugène-Théodore et de Mélanie, né à Talmont, le 28 janvier 1813, épousa, le 14 janvier 1840, Virginie-Marie-Augustine *Le Maignan du Bois-Vignau* (1), née le 8 mai 1811, fille de Louis-Anne Le Maignan du Bois-Vignau et de Geneviève Le Grand de la Griolais, dont il eut :

1° *Marie-Pauline*, née au Grand-Fougeray (Ille-et-Vilaine), le 14 mars 1841, morte, au même lieu, le 14 juillet 1844.

2° *Mathilde*, née au Grand-Fougeray, le 28 juillet 1842, domiciliée au Plessis, en Jans (Loire-Inférieure).

3° *Gabriel-Louis-Marie*, qui suit.

4° *Pauline-Marie-Caroline*, née, le 12 novembre 1844, au Grand-Fougeray, décédée au Plessis, en Jans, le 21 août 1906.

5° *Ferdinand*, né, le 10 octobre 1846, au Grand-Fougeray, mort, le 3 mai 1862, au Plessis, en Jans (L^re^-Inf^re^).

6° *Paul*, né, le 19 juin 1848, au Grand-Fougeray, mort le 6 novembre 1860, au Plessis (L^re^-Inf^re^).

7° *Ludovic*, né, le 9 décembre 1849, à Jans, décédé au même lieu, le 8 mai 1852.

8° *Adèle*, née, le 12 avril 1852, à Jans, mariée, le 1er mai 1888, à son cousin-germain, Louis-Ferdinand-Geoffroy de Villeblanche, né à Jans, le 5 octobre 1852, fils de Léon de Villeblanche et de Estelle Le Maignan du Bois-Vignau, dont est né Louis-Geoffroy de Villeblanche, le 20 janvier 1892.

Paul-Gabriel de Gazeau des Boucheries est mort le

(1) La famille Le Maignan porte *de gueules à la bande d'argent, chargée de 3 coquilles de sable.*

15 avril 1881, et sa veuve, Virginie Le Maignan, le 17 octobre 1900 (1).

§ IV — QUINZIÈME DEGRÉ

Gabriel-Louis-Marie de Gazeau des Boucheries, troisième enfant du précédent, née le 30 août 1843, au Grand-Fougeray (I.-et-V.), a épousé, le 11 janvier 1876, Marie *Henry de Kergoët*, née le 18 juillet 1850, fille de Louis Henry de Kergoët, et de Eugénie-Marie Brébion, dont :

1° *Gabriel*, né le 27 novembre 1877, a pris le titre de marquis.

2° *Louis*, né le 25 décembre 1878, ordonné prêtre, le 23 décembre 1902, curé de Tizac de Curton (Gironde).

3° *Marie*, née le 9 mars 1882, mariée, le 26 octobre 1906, à Joseph de la Vallée, ingénieur.

4° *Louise*, née le 9 avril 1886.

5° *Henri*, né le 1er août 1884, décédé le 20 août 1884.

6° *Anne*, née le 22 juillet 1894.

Gabriel-Louis-Marie de Gazeau des Boucheries est décédé au château de Trémeur, cne de Sérent (Morbihan, le 30 septembre 1900 (2).

(1) Notes communiquées par la famille de Gazeau des Boucheries.

(2) Notes communiquées par la famille de Gazeau des Boucheries.

CHAPITRE VI

Branche de Lerrière

Issue de celle de l'Audraire

§ I — TREIZIÈME DEGRÉ

Marie - Désiré - Bonaventure de Gazeau de la Brandasnière, chevalier, seigneur de *Lerrière* et de la Grainetière, septième enfant de Gabriel Gazeau de la Brandasnière, chevalier, seigneur de l'Audraire, et de Jeanne-Marie-Louise Baudouin de la Lière, chap. v, § I, né à la Lière, le 27 janvier 1767 (1), fut garde du corps du roi Louis XVI et chevalier de Saint-Louis.

Il fit partie du rassemblement de la Proutière, dispersé, le 28 juin 1791, par la colonne républicaine de Laverand, et tenta de s'embarquer pour Guernesey, le 3 août suivant, avec quelques parents et amis, mais arrêté avec eux à la Fosse, près Noirmoutier, il fut ramené aux Sables, emprisonné et amnistié, le 26 septembre 1791 (2). Plus tard, il émigra en Angleterre.

Après la tourmente révolutionnaire, il put rentrer

(1) Baptisé en l'église de Sainte-Flaive-des-Loups, le 27 janvier 1767, en même temps que son frère jumeau, Charles-Augustin, il eut pour parrain et marraine : Gabriel Baudry, chevalier, seigneur de la Chelonie, et Marie-Charlotte de Guinebault de la Millière.

(2) Voir *Les Prisons des Sables*, par M. l'abbé Renolleau.

en France et recouvrer ses biens non vendus, par arrêté du 26 germinal, an XI, en vertu de l'amnistie.

Désiré de Gazeau épousa, à Sainte-Foy, le 12 février 1806, Marie-Félicité *d'Angély de Lage de Fenerie* (1), fille de feu Antoine d'Angély de Lage de Fenerie, ancien garde du corps du roi, chevalier de Saint-Louis (2), et de Marie-Jeanne-Félicité de la Dive qu'il suivit à sa terre de la Grossetière, en Sainte-Foy, et dont il eut :

1° *Désiré-Marie-Amédée*, qui suit.

2° *Marie-Antoinette-Félicité*, née à la Grossetière, le 30 juin 1814, épousa à Sainte-Foy, le 20 février 1837, Alphonse-Henri-Paulin Le Page du Boischevalier, fils de César-Jacques Le Page du Boischevalier et de Elisabeth Gréer de Longalferry, dont elle eut, entre autres enfants :

Edouard-Alphonse Le Page du Boischevalier, né à la Grossetière, le 21 mars 1842, engagé, le 20 décembre 1860, dans les Franco-Belges qui prirent le nom de zouaves pontificaux le 1er janvier 1861 ; blessé à Mentana, le 3 novembre 1867 ; nommé sous-lieutenant après la bataille et décoré de la médaille *Fidei et Virtuti* ; se distingua à Patay, à Rome et offrit à la France son épée et son dévouement. Lieutenant aux Volontaires de l'Ouest, il fut blessé mortellement à Loigny, le 2 décembre 1870, et nommé capitaine après la bataille. Mort à Fontenay-sur-Conie (Eure-et-Loir), le 18 décembre 1870 (3).

(1) Marie-Félicité d'Angély, née à la Grossetière de Sainte-Foy, le 10 janvier 1770, avait été arrêtée comme suspecte, en 1794, en même temps que sa mère, et emprisonnée aux Sables. Les deux avaient été remises en liberté, en février 1795.

(2) Antoine d'Angély fut condamné à mort, comme chef des brigands de la Vendée, par la commission militaire des Sables, le 1er décembre 1793, d'après M. l'abbé Renolleau. La *Revue du Bas-Poitou* dit qu'il fut condamné le 24 septembre 1793, et exécuté près le remblai, le 2 octobre suivant. Il était âgé de 59 ans.

(3) Inhumé successivement à Fontenay-sur-Conie et à Nogent-le-Rotrou, son corps fut apporté à Nantes, après la guerre.

Antoinette de Gazeau de Lerrière est décédée à la Grossetière, le 9 août 1843 (1).

Marie-Désiré-Bonaventure de Gazeau de Lerrière mourut à la Grossetière, le 1er mars 1832. Son épouse, Marie-Félicité d'Angély (2), l'avait précédé dans la tombe, le 20 février 1828 (3).

§ II — QUARTORZIÈME DEGRÉ

Désiré-Marie-Amédée de Gazeau de la Brandasnière, fils unique du précédent, né à la Grossetière, commune de Sainte-Foy, le 3 mars 1807, a épousé à la Chapelle-Achard, le 12 octobre 1835, Marie-Eulalie-Jacquette-Victorine *Mercier de Lépinay,* née au Plessis-Gatineau, commune de la Chapelle-Achard, le 15 octobre 1812, fille de René-Joseph Mercier de Lépinay (4), capitaine d'infanterie, che-

(1) Outre son fils Edouard, Antoinette de Gazeau laissait deux filles : Félicie du Boischevalier, mariée, en 1861, à Paul-Marie-René, comte de la Pommeraye, et Alphonsine du Boischevalier, morte en 1846. Après cinq ans de veuvage, Henri du Boischevalier se remaria à demoiselle Caroline Leroy, morte le 10 janvier 1868, et eut de cette 2e alliance : Marie, mariée à M. de Lisle du Dréneuf; Henri, mort à 13 ans, en 1866; Paul, époux de Georgine Jannet de Lépinay, décédé aux Sables en 1904, et Olivier.

(2) La famille d'Angély (Poitou) porte *d'argent à quatre croix de sinople posées en canton.*

(3) Les deux ont été inhumés dans le cimetière de Sainte-Foy. Ils avaient hospitalisé, à la Grossetière, leur oncle, Charles d'Angély, ancien lieutenant-colonel, chevalier de Saint-Louis, qui avait épousé, pendant l'émigration, Judith Gallienne, originaire de l'île de Guernesey, laquelle est décédée à la Grossetière, le 3 septembre 1818. Charles d'Angély décéda au même lieu, le 15 septembre 1818.

(4) Les Mercier de Lépinay portent *d'argent à un navire de sable, voguant à pleines voiles sur une mer d'azur, au chef d'azur chargé de trois étoiles d'argent.* Famille originaire de la Marche.

valier de la Légion d'honneur, et de Marie-Victoire Gentet de la Chesnelière (1), dont il eut :

1° *Marie-Désiré-Pierre-Gabriel,* né au Plessis-Gatineau, le 21 avril 1837, décédé au même lieu, le 25 août 1838.

2° *Joseph-Aimé,* qui suit.

Après son mariage, Amédée de Gazeau résida d'abord à la Mothe-Achard, puis au Plessis-Gatineau qu'il posséda du chef de son épouse, et où il est décédé, le 25 janvier 1882 (2), dans le nouveau château construit par son fils. Sa veuve, Victorine Mercier de Lépinay, est morte à la Mothe-Achard, le 5 juin 1900 (3).

§ III — QUINZIÈME DEGRÉ

Joseph-Aimé de Gazeau de la Brandasnière, deuxième fils du précédent et unique survivant, né à la Mothe-Achard, le 1er février 1840 (4), a épousé à Nantes, le 29 mai 1868, Marie-Léonie *d'Escrots d'Estrée* (5), domiciliée au château de Monceaux, commune de Saint-Philbert-de-Grand-Lieu (Loire-

(1) Les Gentet de la Chesnelière (Poitou) portent *d'argent à 3 merlettes de sable.*

(2) Inhumé dans l'ancien cimetière de la Chapelle-Achard, il fut transféré au cimetière actuel, le 27 septembre 1900.

(3) Mme de Gazeau a été inhumée dans le nouveau cimetière de la Chapelle-Achard.

(4) Baptisé en l'église de la Mothe-Achard, le 3 février 1840, il fut tenu sur les fonts baptismaux par son aïeul maternel, René-Joseph Mercier de Lépinay, et par sa cousine, Marie-Esprit Jannet de la Bauduère, épouse de Similien-Casimir de Lavoyrie, ancien colonel de cavalerie, chevalier de Saint-Louis, de la Légion d'honneur et de Saint-Ferdinand d'Espagne.

(5) Les d'Escrots d'Estrée portent *d'azur à la bande d'or chargée de 3 écrevisses de gueules accompagnée de 3 molettes d'éperon d'or.*

Inférieure), fille de Victor-Marie, comte d'Escrots d'Estrée, et de Henriette-Rose-Augustine de Cornulier, dont il a :

1° ***Yvonne-Marie***, née à Nantes, le 19 mars 1869, mariée à Nantes, le 6 juillet 1892, avec Olivier-Charles-Marie de Mauduit du Plessix (1), fils de feu Charles de Mauduit du Plessix et de Marie de Kergos.

2° *Roger-Victor*, qui suit.

3° *Maurice*, né à Nantes, le 19 février 1880.

Aimé de Gazeau ayant, reçu de ses parents la terre du Plessis-Gatineau, en a fait reconstruire le château en 1876.

Son épouse, Léonie d'Estrée, est décédée à Nantes, le 12 mars 1896, âgée de 50 ans (2).

§ IV — SEIZIÈME DEGRÉ

Roger-Victor de Gazeau de la Brandasnière, premier fils du précédent, né au château de Monceaux, commune de Saint-Philbert-de-Grand-Lieu, le 27 mai 1870, a épousé à Tours, le 29 mai 1900, Marie-Mélanie-Germaine *Petit de Vauzelles* (3), fille de Edmond-Julien Petit de Vauzelles et de Marie-Thérèse de Quinemont, dont il a :

1° *Odette*, née, le 14 février 1901, à Tours.

2° *Bernard*, né le 24 décembre 1903.

(1) Les de Mauduit du Plessix (Bretagne) portent *d'or au chevron d'azur accompagné de 3 molettes de sable, 2 en chef et 1 en pointe.*

(2) Inhumée dans l'ancien cimetière de la Chapelle-Achard, le 15 mars 1896, elle fut transférée au cimetière actuel, le 27 septembre 1900.

(3) La famille Petit de Vauzelles (Lyonnais) porte *d'azur à 3 demi-rols d'argent au chef d'or.*

CHAPITRE VII

Branche du Plessis

Issue de celle de la Brandasnière

§ I — SEPTIÈME DEGRÉ

François Gazeau, écuyer, seigneur du *Plessis* et des Grandes-Maisons, deuxième fils de Jean-Gazeau, écuyer, seigneur de la Brandasnière, du Langon et du Fief-Gazeau, et de Jacquine Vigier (Chap. III, § VI, 6e deg.), fut chevalier de l'ordre de Saint-Jean de Jérusalem, sur preuves du 8 septembre 1578, reconnues valables, le 4 mai 1579. Ayant quitté cet ordre, il épousa, le 6 janvier 1583 (1), Suzanne *Royrand* qui lui apporta la seigneurie de Limonnière, en Chavagnes-en-Paillers, et dont il eut :

1° *Charles,* qui suit.

2° *Esther,* dame des Grandes-Maisons, qui épousa Louis Louer, écuyer, seigneur de la Toisinière, le 4 novembre 1632, *aliàs* 1622. Ses partages avec son frère furent réglés par un arrêt du Parlement, rendu le 9 avril 1641.

François Gazeau mourut sans doute à la Limonnière et fut inhumé à Chavagnes, le 18 mars 1625 (2).

(1) D'après d'Hozier, il se serait marié le 7 avril 1583.

(2) H. Filleau, *Dict. hist. et gén. des fam. du Poitou.*

§ II — HUITIÈME DEGRÉ

Charles Gazeau, écuyer, seigneur du *Plessis* et des Grandes-Maisons, fit aveu à la baronnie des Essarts, en 1639, de la Cochardière, en Saint-Martin-des-Noyers, de la Turpinière et du Boulineau. Il était, en 1642, demandeur en injures et calomnies contre des particuliers qui lui déniaient sa noblesse, et gagna sa cause. Il avait épousé, le 8 mai 1612, Antoinette *Bertrand* (1), fille de Jacques Bertrand, écuyer, seigneur de la Vrignonnière, dont il eut : Jean, qui suit (2).

§ III — NEUVIÈME DEGRÉ

Jean Gazeau, écuyer, seigneur de *Lausonnière, aliàs* Lansonnière, fils du précédent, fut maintenu dans sa noblesse avec d'autres membres de sa famille, le 15 juin 1670, par M. Rouillé du Coudray. Il avait épousé, le 25 janvier 1650, Renée *Gerré, aliàs* de Goret (3), dont il était veuf le 2 juillet 1666. Ailleurs, il est dit que Jean (appelé aussi Jacques), épousa, par contrat du 25 janvier 1650, Renée Gervé (4).

(1) Les Bertrand (Poitou) portent *de gueules au lion d'argent, la queue passée en sautoir.*

(2) Beauchet-Filleau ajoute que Charles Gazeau eut : 2° peut-être, Marie, dame de Lansonnière, mariée le 8 septembre 1670, à Louis Aymon de Brachechien, écuyer, seigneur de Belleville. Mais cette Marie, mariée en 1670, était trop jeune pour être la fille de Charles, elle serait plutôt sa petite-fille ?

(3) Les de Goret (Poitou) portent *d'argent à la fasce de gueules et à 3 têtes de sanglier arrachées de sable, languées du second et mirrées du premier.*

(4) D'après un arbre généalogique communiqué par le marquis de Beaumont.

Jean Gazeau s'est marié, en deuxièmes noces, à Charlotte Guesneau, et a eu pour enfants :

1° *Marie* (du 1er lit), qui était mineure en 1670 et qui épousa David-Léon de la Bussière, auquel elle apporta la Vrignonnière (par. des Essarts), comme il est prouvé par un acte de constitution de rente par-devant Masson et Fournier, notaires de la baronnie des Essarts, en date du 23 mars 1692.

2° *Charles-Gabriel* (du 2e lit), qui suit (1).

§ IV — DIXIÈME DEGRÉ

Charles-Gabriel Gazeau, écuyer, seigneur de *Lausonnière* et du *Plessis,* fils du précédent et de sa deuxième femme, Charlotte Guesneau, épousa aux Magnils-Régniers (Vendée), le 6 juillet 1699, Marie de la *Boucherie*, fille de Pierre de la Boucherie (2), chevalier, seigneur du Fief, et de Louise Régnault (3).

Charles-Gabriel était décédé avant le 30 octobre 1710, date où sa veuve se remaria à Philippe-Benjamin Grellier, chevalier, seigneur de Concize (4).

(1) Beauchet-Filleau, *Dict. hist. et gén.*, 2e édit. fasc. 1909.

(2) La famille de la Boucherie (Poitou) porte *d'azur au cerf passant d'or.*

(3) *Annuaire de la Société d'Emulation de la Vendée.*

(4) Beauchet-Filleau, *Dict. hist. et gén.*

CHAPITRE VIII

Branche de la Couperie et du Ligneron

Issue de celle de la Brandasnière

§ I — SEPTIÈME DEGRÉ

Jacques Gazeau, écuyer, seigneur des *Noues* et de la *Couperie* (en Saint-Pierre-du-Bourg-sous-la-Roche-sur-Yon), troisième fils de Jean Gazeau, écuyer, seigneur de la Brandasnière et de Jacquine Vigier (Chap. III, § VI, 6ᵉ deg.), épousa, le 24 septembre 1595 (1), Françoise d'*Argenton,* dame de la Couperie, fille de François d'Argenton, écuyer, seigneur de la Tourtelevée, et de Joachime Charriault, dont il eut :

1° *Pierre,* qui suit.

2° *Tristan,* écuyer, seigneur de la Courtaizière, qui fit un partage avec son frère, le 13 avril 1644, et qui épousa Marie Suzanneau, laquelle étant veuve fut maintenue noble par Rouillé du Coudray, le 15 juin 1670.

3° *Madeleine.*

4° *Marie.*

5° *Françoise.*

(1) D'après H. FILLEAU. Le 24 octobre 1595, d'après d'HOZIER

Jacques Gazeau, décéda avant le 18 novembre 1617, date où sa veuve fit nommer un curateur à ses enfants mineurs (1).

§ II — HUITIÈME DEGRÉ

Pierre Gazeau, écuyer, seigneur de la *Couperie* et des *Noues*, fils aîné du précédent, rendit hommage de la Couperie au baron de Mareuil, le 18 mars 1656. Il avait épousé, le 13 octobre 1621, p. cont. pass. dev. Masson et Merland, notaires, Claude *Guérin*, veuve de Gilles Rousseau, écuyer, dont il eut :

1° *Louis-Pierre*, qui suit.

2° *David*, écuyer.

3° *Jean*, écuyer, seigneur des Touches qui, en 1670, servait dans le régiment de Sourches où il avait été fait lieutenant, le 5 août 1644, tandis que ce régiment portait le nom de Clérambault.

4° *Claude*, écuyer, seigneur des Noues, qui épousa à Montaigu, le 18 février 1683, Anne Chasson, veuve de Jacques Verdon, sieur de Lynais et qui fut inhumé, en l'église Saint-Jean-Baptiste de Montaigu, le 20 février 1684 (2), ayant eu un fils :

Pierre, né le 13 février 1684 et inhumé le 22 mai de la même année.

5° *Claude-Marie*, dame de la Courtaizière, baptisée au Bourg-sous-la-Roche, le 5 juillet 1635, maintenue noble le 10 juin 1670.

6° *Antoinette*.

7° *Ysabeau*, dame de la Pommeraie.

Pierre Gazeau avait servi en Lorraine, en 1635, suivant un certificat du comte de Parabère, avait

(1) Beauchet-Filleau, *Dict. hist. et gén.*, 2e édit.

(2) Inhumé à Saint-Jean-Baptiste de Montaigu, en présence de son frère Louis Gazeau, sieur de la Couperie et de sa sœur Claude-Marie Gazeau.

reçu une lettre du roi, le 9 décembre 1648, qui lui témoignait la reconnaissance qu'il avait de ses services, et avait été nommé chevalier de l'ordre de Saint-Michel, le 18 août 1650. Il mourut avant le 6 avril 1657 (1).

§ III — NEUVIÈME DEGRÉ

Louis-Pierre Gazeau, chevalier, seigneur de la *Couperie*, Puyravau et du Ligneron, chevalier de l'ordre de Saint-Michel, fils du précédent, né en 1633, épousa, en premières noces, le 3 janvier 1650, par contr. pass. dev. Fleury et Bessan, notaires à Montaigu, Marie *Espinasseau* (2), fille de Philippe Espinasseau, écuyer, seigneur de Puyraveau, et de Marie Charbonneau, dont quatre enfants.

Marie Espinasseau étant morte le 21 juillet 1663, Louis-Pierre Gazeau épousa, en deuxièmes noces, à Saint-Jean-Baptiste de Montaigu, le 9 février 1665, par contr. pass. dev. Massé et Badereau, notaires, Aspasie-Gabrielle *Bertrand* (3), fille de feu Paul Bertrand, chevalier, seigneur de la Méraudière, et de Marie Bruneau (4).

Il eut pour enfants du 1er lit :

1° *René*, écuyer, seigneur de Puyraveau (en la Boissière) qui épousa d'abord, le 2 mars 1678, Marie de Gibot, dont il eut :

A. — *Gabriel*, inhumé en l'église de la Boissière, le 5 juillet 1689, âgé de 7 ans.

(1) H. FILLEAU et d'HOZIER.

(2) Les Espinasseau (Poitou) portent *d'azur à trois étoiles d'argent*. Marie Espinasseau, née à Puyraveau, le 30 mars 1634, en la Boissière-de-Montaigu, y est décédée, le 21 juillet 1663.

(3) Les Bertrand (Poitou) portent *de gueules au lion d'argent, la queue passée en sautoir*.

(4) Les Bruneau (Poitou) portent *d'argent à 7 merlettes de sable, posées 3, 3 et 1*.

B. — *Marguerite-Gabrielle*, née le 19, baptisée à la Boissière, le 22 septembre 1688, mariée, le 6 octobre 1710 (Henri du Mesnil étant notaire à Beaupréau), à Henry Gaborin, chevalier, seigneur de Puymain, et décédée à la Gaubretière, le 11 juin 1718.

C. — *Jean-Baptiste*, inhumé en l'église de la Boissière, le 4 juillet 1680.

D. — *Renée-Gabrielle*, mariée à la Boissière-de-Montaigu, le 7 février 1701, à Charles-Esprit Baudry-d'Asson, chevalier, seigneur de Laudelière, et décédée à Luçon, le 22 décembre 1735 (1).

E. — *Madeleine-Louise*, mariée le 23 février 1705, à Alexandre-Louis Buor, chevalier, seigneur de la Jousselinière (2).

Marie de Gibot étant morte à Puyraveau (3), le 2 octobre 1688, René se remaria, le 3 janvier 1691, par contr. pass. dev. Hillairet et Togeron, notaires de Beaulieu-sous-la-Roche, à Céleste-Madeleine de Rorthays, dont il n'eut pas d'enfants. Il mourut, le 11 février 1696, âgé de 42 ans et fut inhumé le 13 février dans l'église de la Boissière qu'il avait fondée.

2° *Gabriel*, né le 6 janvier 1662, reçu chevalier de l'ordre de Saint-Jean-de-Jérusalem sur preuves de noblesse, le 6 juillet 1677.

3° et 4° *Marie* et *Louise*, inhumées l'une dans l'église de la Boissière, le 22 juin 1661, et l'autre au même lieu, le 28 juin 1661.

Louis-Pierre Gazeau eut du 2e lit :

5° *Pierre-Louis*, qui suit.

6° *Marie*, inhumée en l'église de la Boissière, le 29 mai 1675, à l'âge de 8 ans.

7° *Marie-Louise* (d'après d'Hozier), mariée à Gabriel Baudry, écuyer, seigneur de la Burcerie (4).

(1) BEAUCHET-FILLEAU, *Dict. hist. et gén.*, 2e édit.

(2) *Annuaire de la Société d'Emulation de la Vendée*, année 1904.

(3) Inhumée en l'église de la Boissière, le 3 octobre 1688.

(4) Une Françoise-Louise, née du même mariage, baptisée à Saint-Jean-Baptiste de Montaigu, le 17 février 1673? eut pour parrain et marraine : Louis Guérin, chevalier, seigneur de la Vergne, et Dlle Marie de la Roche, fille aînée de Gilles de la Roche, seigneur du lieu. (Reg. paroiss.).

8° *Julien-Joseph*, mort à l'âge d'un mois, inhumé en l'église de la Boissière, le 20 août 1671.

9° *Louis*, mort à l'âge de 3 semaines, inhumé au même lieu, le 13 avril 1673.

10° *Louis*, baptisé à Saint-Jean de Montaigu, le 22 mars 1674, qui eut pour parrain et marraine : Gabriel Gazeau, écuyer, et Marie Gazeau (1).

11° *Renée-Charlotte*, née le 1er février 1680 (2), mariée à la Boissière-de-Montaigu, le 18 septembre 1708, à Louis-Germond de Rorthays, chevalier, seigneur de la Rochette, veuf de Marie Marin.

Pierre-Louis Gazeau avait été maintenu dans sa noblesse, le 15 juin 1670, par sentence de Rouillé du Coudray. Il fonda, de son vivant, une messe basse et un salut du Saint-Sacrement, au jour de Saint-Louis, son patron, dont la rétribution était de trois livres, sur une métairie à lui appartenant, en la paroisse de la Boissière-de-Montaigu (3). Il mourut à Montaigu, le 15 mai 1703, et fut inhumé le lendemain dans l'église de la Boissière-de-Montaigu où l'on voit encore sa pierre tombale, ainsi que celle de sa deuxième femme, Aspasie-Gabrielle Bertrand (4).

§ IV — DIXIÈME DEGRÉ

Pierre-Louis Gazeau de la Brandasnière, chevalier, seigneur du *Ligneron*, des Mamillières, de Puyraveau, de la Sauvagère, de la Pithonnière, fils du

(1) Beauchet-Filleau ne parle pas de cet enfant.

(2) Renée-Charlotte, baptisée à Saint-Jean-Baptiste de Montaigu, le 2 février 1680, eut pour parrain et marraine : Charles Charbonneau de la Fortescuyère, chevalier de Saint-Jean-de-Jérusalem, et Renée Robin, épouse de Jacques d'Escoubleau, comte de Sourdis, chef d'escadre des armées de Sa Majesté (Reg. paroiss.).

(3) *Annuaire de la Société d'Emulation de la Vendée.*

(4) Beauchet-Filleau, *Dict. hist. et gén.*, édit. 1909.

précédent et de sa deuxième femme, Aspasie-Gabrielle Bertrand, épousa, le 18 février 1694, par contr. pass. dev. Badereau, notaire, Madeleine-Hélène-Victoire *Bertrand de Saint-Fulgent* (1), dame de *Grandry*, fille aînée et principale héritière de René Bertrand, chevalier, seigneur de Saint-Fulgent, et de Marie Loyseau. La bénédiction nuptiale leur fut donnée à Saint-Jean de Montaigu, le 22 février 1694. Madeleine Bertrand apporta à son époux la châtellenie de Saint-Fulgent. Ils eurent pour enfants :

1° *Louis-Gabriel-Charles*, écuyer, seigneur de Saint-Fulgent et de la Sauvagère, baptisé à Montaigu, le 17 novembre 1694 (2), fut condamné à mort pour avoir tué M. de Montsorbier, mais obtint sa grâce, le 23 octobre 1719. Il vendit la terre de la Sauvagère, en la Chapelle-Largeau et la châtellenie de Saint-Fulgent (3), en 1728, et eut de son mariage avec Sophie-Louise-Madeleine-Olympe-Emélie de Bonnestat :

A. — *Antoine-Jean*, ondoyé à Saint-Germain-d'Arcé (Sarthe), le 22 décembre 1732, qui reçut le supplément du baptême à la Gaubretière, le 29 novembre 1746 (4).

B. — *Mélanie-Sophie-Marie-Françoise-Aimée*, qui épousa, en la chapelle du Châtenay, par. de Saint-Denis-la-Chevasse, le 21 février 1778, son cousin-germain, Joseph Gazeau de la Brandasnière, écuyer. Elle testa, le 1er octobre 1790 et fut inhumée à Saint-Denis-la-Chevasse, le 3 nivôse, an V, (23 décembre 1796), laissant ses biens à ses deux cousines : Jeanne-Henriette-Louise-Hercule et Marie-Rose-Victoire Mercier de Marigny (5).

(1) Les Bertrand de Saint-Fulgent (Poitou) portent *de gueules au lion d'argent la queue passée en sautoir.*

(2) Il eut pour parrain et marraine : Louis Gazeau de la Brandasnière, chevalier, seigneur de la Couprie, et dame Aspasie-Gabrielle Bertrand, aïeuls paternels. (Reg. paroiss.).

(3) La terre de Saint Fulgent fut vendue 122.700 livres à un négociant de Nantes, Joachim Descaseaux du Hallay de qui elle passa par alliance à un autre négociant nommé Darquistade. (*Ch. Par. du dioc. de Luçon*).

(4) *Chr. Par. de Luçon*, p. 399, t. III.

(5) *Chr. Par. de Luçon*, p. 156, t. VII.

Il mourut avant 1740.

2° *Eugène-Victor*, qui suit.

3° *Marie-Florence*, baptisée à la Boissière-de-Montaigu, le 20 janvier 1698, mariée en 1724, à Louis-Hercule-Mériadec Mercier de Marigny, chevalier de Saint-Louis (1).

4° *Bonne-Bénigne*, baptisée à la Boissière, le 22 mai 1699, inhumée en l'église de Saint-Fulgent, le 19 octobre 1712.

5° *Joseph-René*, né le 12, à Puyraveau, baptisé à la Boissière, le 13 novembre 1700.

6° *Claire-Louise*, baptisée à la Boissière, le 12 avril 1702.

7° *Madeleine-Marie-Victoire*, baptisée à Saint-Fulgent, le 8 février 1711, mariée en deuxièmes noces, à Joseph-Alexandre Gourdon, chevalier, seigneur de l'Achenault, gendarme de la garde du roi, chevalier de Saint-Louis, dont elle était veuve, le 9 janvier 1773. Elle fut inhumée à Saint-Denis-la-Chevasse, en 1871 (2).

8° Peut-être *Alexis*, inhumé dans l'église de Saint-Fulgent, le 15 février 1708, âgé de 2 ans.

Pierre-Louis Gazeau de la Brandasnière fut maintenu noble, le 25 juillet 1715, par sentence de Quentin de Richebourg (3).

(1) Louis-Hercule-Mériadec Mercier de Marigny, seigneur de la Gallière, ancien maréchal-des-logis des gens d'armes de la garde du Roy, après avoir servi Sa Majesté pendant 48 ans, mourut à la Gallière, le 23 février 1748, âgé de 64 ans, laissant plusieurs enfants. Inhumé aux Aubiers, le 24 février 1748.

(2) *Chroniques Paroissiales de Luçon*, t. VII, p. 156.

(3) Registres paroissiaux de la Gaubretière, Saint-Fulgent, la Boissière-de-Montaigu et notes communiquées par M. de Kervenoaël, etc.

§ V — ONZIÈME DEGRÉ

Eugène-Victor Gazeau de la Brandasnière, chevalier, seigneur de *Ramberge*, 2e fils du précédent, né le 16 novembre 1696, baptisé à Montaigu, le 2 décembre suivant, épousa avant le 6 juin 1731, Jeanne *Le Bœuf* (1), dame de *Ramberge*, car à cette date, il assiste avec cette dernière au mariage de Pierre-Henry Gaborin, chevalier, seigneur de Puymain, son cousin, qui épouse Marie de Saudelet. Jeanne Le Bœuf, croyons-nous, mourut sans laisser d'enfants.

Eugène-Victor Gazeau se remaria à Beaurepaire (Vendée), le 9 août 1740, à Jeanne *Jarrie*, fille de feu Thomas Jarrie et de Anne Cheminard, du diocèse de Saint-Flour, dont il eut :

1° *Jacques-Victor*, qui suit.

2° *Esprit*, mort à la Gaubretière, le 10 octobre 1742, âgé de 8 jours.

3° *Jacques-Eugène*, baptisé à Beaurepaire, le 13 octobre 1745, décédé le 6 mai 1747.

4° *René-Joseph*, baptisé à Beaurepaire, le 4 février 1747, mort deux jours après.

5° *Jeanne-Louise-Désirée*, baptisée à Beaurepaire, le 12 janvier 1748, décédée au même lieu le 25 septembre 1765.

6° *Joseph*, écuyer, seigneur du Petit-Chastenay, baptisé à Beaurepaire, le 23 décembre 1748, épousa en la chapelle du Chastenay, par. de Saint-Denis-la-Chevasse, le 21 février 1778, sa cousine-germine, Mélanie-Sophie-Marie-Françoise-Aimée Gazeau de la Brandasnière, dame du Chastenay, fille de Louis-Gabriel-Charles Gazeau de la Brandasnière, et de Louise-Sophie-Madeleine de Bonnestat (Chap. VIII, § IV, 10e deg.). Il mourut au Chastenay, en Saint-

(1) La famille Le Bœuf (Poitou) porte *d'argent à l'aigle à 2 têtes, éployée de sable, onglée et becquée de gueules.*

Denis-la-Chevasse, le 18 mars 1785, sans laisser de postérité ; son épouse fut inhumée au même lieu, le 23 décembre 1796.

Eugène-Victor Gazeau de la Brandasnière est décédé à Beaurepaire, le 11 août 1761 (1).

§ VI — DOUZIÈME DEGRÉ

Jacques-Victor Gazeau de la Brandasnière, chevalier, seigneur de *Ramberge* (2), fils aîné du précédent, fut baptisé à Beaurepaire, le 16 août 1741, et épousa en premières noces N... *de Bruc de la Morandière* (3), veuve de N... Hallouin, dont il ne paraît pas avoir eu d'enfants (4).

Il épousa, en deuxièmes noces, vers 1780, Mariette-Etiennette-Eulalie *Pronzat* dont il eut :

1° *Jacquette-Eulalie-Sophie*, baptisée à la Gaubretière, le 3 juin 1782, mariée le 9 octobre 1810 à M. J.-M. Guillou, inspecteur de l'Université.

2° *Jean-Joseph-Victor*, qui suit.

3° *Maurice-Justin-Aimé*, né à Ramberge, baptisé à la Gaubretière, le 19 juin 1785, qui prit part au soulèvement de 1815, en qualité d'aide-de-camp du général de Sapinaud et qui mourut glorieusement, en combattant pour le roi, au combat d'Aizenay, le 20 juin 1815 (5).

4° *Jeanne-Marie-Emilie*, née à Ramberge, baptisée à la Gaubretière, le 31 janvier 1787, religieuse à l'Adoration de Picpus, y prononça ses vœux en 1821.

(1) Beauchet-Filleau, *Dict. hist. et gén.*, 1909.

(2) Ramberge, en la paroisse de la Gaubretière (Vendée).

(3) Les de Bruc (Bretagne) portent *d'argent à la rose de gueules de six feuilles, cantonnée d'or.*

(4) D'après l'arbre généalogique communiqué par le marquis de Beaumont.

(5) *Chroniques Paroissiales de Luçon*, t. III, p. 315.

5° *Sophie-Augustine,* baptisée le 11 mai 1788, mariée à N... Péhan, de Pouzauges (Vendée).

6° *Charles-Henri-François*, né à Ramberge, baptisé à la Gaubretière, le 11 septembre 1789, fit comme volontaire la campagne de Dresde, en 1813 et était officier lorsqu'il fut tué à la bataille de Leipzig.

7° *Pierre-Justin*, connu sous le nom de Pitre, fit la campagne de 1815, en Vendée, en qualité d'aide-de-camp du général de Saint-Hubert ; capitaine dans la Légion de la Vendée en 1821 ; sa solde d'officier étant toute sa fortune il se vit forcé de rester en place en 1830, mais demanda et obtint de ne pas être envoyé en Vendée. Dès qu'il eut des droits à la retraite, il les fit valoir. De son mariage avec N... Blanchard, il n'a pas eu d'enfant et est mort à Nantes, le 10 janvier 1869, chef de bataillon en retraite et chevalier de la Légion d'honneur.

8° *Alexandrine,* mariée à N... Péhan, frère de son beau-frère (1).

Jacques-Victor Gazeau de la Brandasnière assista à l'assemblée de la noblesse réunie à Poitiers, en 1789, pour nommer des députés aux Etats généraux (2), fut arrêté comme suspect à sa terre de Ramberge et mourut dans les prisons de Nantes, en 1795 (3).

§ VII. — TREIZIÈME DEGRÉ

Jean-Joseph-Victor de Gazeau de la Brandasnière, fils aîné du précédent, né à Ramberge, baptisé

(1) Beauchet-Filleau ajoute : « 9° peut-être *Sophie-Marie-Mélanie-Françoise* », mais cette dernière ayant été mentionnée au § IV comme fille de Louis-Gabriel-Charles, et au § V comme épouse de son cousin-germain Joseph, ne peut-être fille de Jacques-Victor.

(2) Beauchet-Filleau, *Dict. hist. et gén.*, 1909

(3) *Chroniques Paroissiales*, t. III, p. 331.

à la Gaubretière, le 29 août 1783 (1), fit la campagne de 1815, en Vendée, comme aide-de-camp du général de Sapinaud, se distingua toujours par son courage et sa bravoure et devint capitaine dans la légion de la Vendée, en 1820. Il donna sa démission en 1830, ne voulant pas servir le gouvernement nouveau, et contribua puissamment en 1832 à organiser l'insurrection en Vendée (2).

Il épousa, en 1824, Sophie-Marie de *Rangot* (3), veuve de Alexandre Le Breton, fille de Gabriel-Aimé-René de Rangot, et de Marie-Pélagie Le Beault de la Touche avec laquelle il se fixa à sa terre de Louatière, en la Gaubretière, après l'aliénation de la terre de Ramberge, en 1831. Il eut pour enfants :

1° ***Eulalie-Marie-Félicité***, née à la Gaubretière, le 1er décembre 1825, a épousé, le 16 octobre 1854, Jules Nivelleau de la Brunière, et est décédée à la Gaubretière, en 1894, veuve depuis 1882.

2° ***Marie-Aglaé***, morte jeune.

3° ***Marie-Sophie-Victorine***, née le 29 mai 1830, prit le 15 novembre 1875, l'habit de franciscaine, sous le nom de Sœur Marie-Thérèse-de-la-Croix, fonda en cette même année la Congrégation des Oblates du Sacré-Cœur de Jésus, garde-malades, et a été nommée supérieure générale de cette congrégation à Nantes (4). Elle vit, retirée à Pornichet, depuis quelques années.

Jean-Joseph-Victor de Gazeau de la Brandasnière

(1) Sa marraine fut Sophie-Maria-Eulalie-Aimée Gazeau de la Brandasnière. L'acte est signé : M. J. Pronzat, curé de Rouans (Loire-Infre) ; de Buor, curé des Herbiers ; le chevalier Gazeau (*Chr. Paroiss.*, t. III, p. 399).

(2) *Chroniques Paroiss.*, t. III. p. 331.

(3) Les de Rangot (Poitou) portent d'*azur à la croix engreslée d'or*.

(4) Sa guérison miraculeuse à Notre-Dame du Chêne, près Solesmes a été racontée par les *Chroniques Paroiss. de Luçon*, t. III, p. 370, et par le volume *Une fleur du parterre franciscain*, imprimé en 1892.

est décédé à la Louatière, commune de la Gaubretière, le 2 janvier 1850 Sa veuve, Sophie-Marie de Rangot est morte en 1874 (1).

(1) *Chron. Parois. du dioc. de Luçon* et notes communiquées par M. de Kervenoaël.

CHAPITRE IX

Branche de la Boüère

Issue de celle de la Brandasnière

§ I — QUATRIÈME DEGRÉ

Urbain Gazeau, écuyer, seigneur de *Persan* (le Vigean en Poitou), 2e fils de Artus Gazeau, écuyer, seigneur de la Brandasnière et du Langon et de Marie Audouard de la Brandasnière (Chap III, § I, 3e deg.), épousa Jeanne de la *Resnaye*, dont il eut au moins :

1° *Antoine*, qui suit.

2° *Jacques*, écuyer, seigneur d'Orival (Availles en Poitou), qui transigea avec son frère, le 4 mars 1549, sur le partage de la succession de Claude Gazeau, écuyer, seigneur de la Ribardière, leur oncle paternel, décédé sans enfants (1).

§ II — CINQUIÈME DEGRÉ

Antoine Gazeau, écuyer, seigneur de *Gerfault* (le Vigean) et de *Persan*, fils du précédent, épousa le 25 janvier 1524, par contr. pass. dev. Richau, notaire au Vigean, Françoise des *Serquelx*, fille de Claude,

(1) Beauchet-Filleau, *Dict. hist. et gén. des fam. du Poitou.* 2e édit. 1909.

écuyer, seigneur des Serquelx et de Eléonore du Bois, en présence de Claude Gazeau, écuyer, seigneur de la Ribardière, son oncle, et de Jacques Gazeau, son frère et transigea avec ce dernier, le 4 mars 1549, au sujet de la succession dudit Claude, leur oncle. De son mariage naquit Pierre qui suit (1).

§ III — SIXIÈME DEGRÉ

Pierre Gazeau, écuyer, seigneur de *Persan*, fils du précédent, épousa, le 18 mai 1555, par contr. pass. dev. Raoul, notaire au Vigean, Françoise *Pourreau*, fille de feu Jacques Pourreau, sieur de la Jarrie et de Jeanne Le Fèvre, en présence de Jacques Gazeau, écuyer, seigneur d'Orival, son oncle. Son père, à cette occasion, lui donna le domaine de Persan.

De son mariage naquit un fils unique, Pierre, qui suit (2).

§ IV — SEPTIÈME DEGRÉ

Pierre Gazeau, écuyer, seigneur de *la Jarrie*, fils unique du précédent, était, le 20 avril 1592, capitaine commandant en la maison et place forte de la Jumelière, lorsqu'il reçut du duc de Mercœur l'ordre de l'abandonner pour prendre le commandement du château de Challonnes en Anjou. Le 18 juillet 1595, il reçut un passe-port du comte de Chemillé, capitaine de 50 hommes d'armes des ordonnances du roi, pour venir le trouver en son château de Mortagne, fut gendarme de la compagnie de 100 hommes d'armes des ordres du roi, sous la charge du duc de Vendôme, le 26 avril 1598, et enfin employé en qua-

(1) H. Filleau, *Dict. hist. et gén. des fam. du Poitou*, 1re édit. 1840-1854.

(2) Beauchet-Filleau, *Dict. hist. et gén.*, 2e édit.

lité d'homme d'armes de la compagnie des ordres du roi sous la charge de M. de Laval-Boisdauphin, le 19 juin 1606.

Il avait épousé, le 10 mars 1592, par contr. pass. dev. François Mesnard, notaire sous la cour de Chemillé, Jacqueline de la *Roussière,* fille de Antoine de la Roussière, chevalier de l'ordre du roi, gentilhomme ordinaire de la chambre de S. M., et de Françoise de Blavon, qui lui apporta la seigneurie du Plessis-Florentin (Chanzeaux, Maine-et-Loire), et dont il eut :

1° *Amaury,* qui suit.

2° *Renée,* mariée, le 6 avril 1631, à Anselme Quentin, sieur de la Roche, sénéchal de Châteauneuf. (Arch. M.-et-L. E. 2599.)

Pierre Gazeau fut maintenu dans sa noblesse, le 4 mars 1599, par sentence signée de Faucon, et datée d'Angers, et le 17 juillet 1614, il fut convoqué à l'assemblée des Etats pour nommer des députés à l'assemblée de la noblesse des Etats généraux. Il était décédé avant le 13 janvier 1628, date du partage de sa succession entre ses deux enfants (1).

§ V — HUITIÈME DEGRÉ

Amaury Gazeau, écuyer, seigneur du *Plessis-Florentin* et de *Gloire* (Chalonnes-sur-Loire, Maine-et-Loire), fils du précédent, partagea avec sa sœur Renée, le 13 janvier 1628 (René Sérezin, notaire à Angers), la succession de ses père et mère, il habitait alors sa maison noble de Gloire, fut maintenu dans sa noblesse, le 13 avril 1635, par MM. d'Estampes et de Bragelongne, et rayé du rôle des tailles avec son fils Philippe, le 14 août 1658.

Il épousa, 1° le 10 novembre 1620, par contr. pass.

(1) Beauchet-Filleau, *Dict. hist. et gén.*

dev. Chuppé, notaire à Angers, Marguerite du *Bois*, fille de N... du Bois et de Anne de la Grézille, dame d'Ergonne, dont il ne paraît pas avoir eu d'enfants.

Il fut marié, 2° le 23 octobre 1628, par contr. pass. dev. Gilles Robin, notaire à Neuvy, Maine-et-Loire, à Louise de *Cordon de la Boüère* (1), fille de Jacques de Cordon, écuyer, seigneur de la Boüère, et de Charlotte Amoureux, dont il eut :

1° *Philippe*, qui suit.

2° *Charlotte*, dame du Buignon ou Beugnon, baptisée le 3 septembre 1629.

3° *Renée*.

4° *Charles*, écuyer.

Amaury Gazeau était décédé avant le 19 juillet 1664, date du partage de sa succession entre ses enfants (2).

§ VI — NEUVIÈME DEGRÉ

Philippe Gazeau, écuyer, seigneur du *Plessis-Florentin* et de la *Jutière* (Chauzeaux, Maine-et-Loire), fils aîné du précédent, était en possession de ses biens du vivant de son père qui lui en avait fait l'abandon, le 11 juillet 1661, à cause de son état maladif. Il partagea avec ses sœurs et son frère, le 19 juillet 1664 (Louis Charon, notaire à Angers), et épousa, le 7 mai 1665, par contr. pass. dev. Clément Blouin, notaire à Chanzeaux, Anne *Baudry*, fille de Louis Baudry, écuyer, seigneur de la Gilbretière et de la Turpinière, et de Perrine Royer, dont il eut :

1° *Nicolas*, écuyer, seigneur de la Turpinière, né le 25 mars 1666, ondoyé le 31, qui reçut le supplément du baptême dans l'église de Saint-Pierre-de-

(1) Les de Cordon de la Boüère portent *de gueules au lion d'argent, armé, lampassé et couronné d'or.*

(2) BEAUCHET-FILLEAU, *Dict. hist. et gén.*

Chaudefonds (Maine-et-Loire), le 6 mai 1667, et qui épousa avec dispense obtenue par bulle de Clément XI, et par sentence rendue le 27 juin 1706, par Simon Belot, chanoine théologal d'Angers, Gabrielle Le Maistre, veuve de Louis Cordon, chevalier, seigneur de la Boüère, dont il n'eut pas d'enfants.

2° *Philippe,* qui suit.

Philippe Gazeau assista, le 25 septembre 1674, à la montre de la noblesse d'Anjou (en équipage de deux chevaux et un valet) devant Louis Boyslève, lieutenant général de la sénéchaussée d'Anjou, à cause de son fief de la Turpinière en Saint-Aubin-de-Luigné, Maine-et-Loire (1).

§ VII — DIXIÈME DEGRÉ

Philippe Gazeau, chevalier, seigneur de *Loncosme* (aujourd'hui Longhomme, Chaudefonds, Maine-et-Loire) d'*Erigné* (Murs, Maine-et-Loire) et de la *Boüère* (Jallais, Maine-et-Loire), deuxième fils du précédent, épousa, le 22 novembre 1701, par contr. pass. dev. René Gazeau, notaire à Baugé, et Toussaint Colevin, notaire à Laillé, sa cousine, Marie-Anne *Cordon de la Boüère,* fille de feu Louis Cordon, chevalier, seigneur de la Boüère, et de Gabrielle Le Maistre, avec dispense de parenté accordée en cour de Rome et communiquée par l'Evêché d'Angers, le 17 septembre 1701. A l'occasion de ce mariage, ils légitimèrent leur fille Thérèse, née le 4 mars 1700 et baptisée en l'église de Cuhon (Vienne) (2).

En 1702, Philippe Gazeau prit par titre officiel le nom et les armes de sa femme et à partir de cette date les Gazeau de la Boüère portèrent *écartelé au 1er et au 4e d'azur au chevron d'or accompagné de*

(1) Beauchet-Filleau, *Dict. hist. et gén.*
(2) *Id.*

3 trèfles de même posés 2 et 1; aux 2e et 3e de gueules au lion d'argent armé, lampassé et couronné d'or (1).

Il eut pour enfants :

1° *Thérèse,* née en 1700, légitimée en 1701 (v. plus haut).

2° *Armand-Philippe,* qui suit.

3° *Jean-Jacques,* chevalier, seigneur de Loncosme, capitaine de cavalerie et chevalier de Saint-Louis, qui partagea avec ses frères et sœurs, le 16 février 1755, la succession de Jacques Joubert, sieur de la Jarrie, et qui assista, le 22 mars 1771, à un partage avec son frère aîné.

4° *Françoise-Sophie,* présente aux deux partages précédents.

5° *Félix-Gabriel,* né le 20 octobre 1708 et qui dut mourir jeune.

6° *Amaury-Prosper,* chevalier, seigneur de la Houssaye, cité dans le partage du 16 février 1755, mais non dans celui de 1771, ce qui fait supposer qu'il n'existait plus.

7° *Henriette-Rosalie,* qui se trouve dans la même situation que le précédent.

Philippe Gazeau et sa femme, Marie-Anne Cordon de la Boüère, se firent une donation mutuelle, le 12 mai 1713. Philippe mourut, âgé d'environ 48 ans, le 1er octobre 1719, et fut inhumé le lendemain dans l'église de Jallais (2).

§ VIII — ONZIÈME DEGRÉ

Armand-Philippe Gazeau, chevalier, seigneur de la *Boüère,* fils du précédent, fut successivement cornette dans le régiment de cavalerie de la Ferronnays par brevet du 5 novembre 1733, lieutenant dans le

(1) Notes inédites de la comtesse de la Boüère.

(2) Beauchet-Filleau, *Dict. hist. et gén.*

même régiment, le 1er juillet 1738, aide-major au régiment de cavalerie de Crussol, le 25 octobre 1749, nommé chevalier de Saint-Louis, le 15 octobre 1752, eut rang de capitaine dans le régiment de Crussol par commission du 25 août 1753 et fut fait major au même régiment, le 3 octobre 1753. Il partagea avec ses frères et sœurs, le 16 février 1755, les successions de Jacques Joubert, sieur de la Jarrie, et de Marie-Thérèse de la Louairie, le 23 mars 1771.

Il épousa, le 19 février 1764, par contrat passé au château de Martigné (Saint-Pierre-de-Marnay), devant Gouin, notaire à Saumur, et Jamet, notaire à Richelieu, Anne-Perrine de *Gréaulme*, fille de Hardouin-Jean-Baptiste de Gréaulme, chevalier, seigneur de Martigné, et de feu Anne Basset, dont il eut (1) :

1° *Armand-Modeste*, qui suit.

2° *Julie*, emprisonnée avec ses deux sœurs, pendant la Terreur, au château de Châtellerault et à Poitiers, relâchée en même temps qu'elles après le 9 thermidor (2).

3° *Sophie-Félicité.*

4° *Jeanne-Louise.*

Armand-Philippe Gazeau de la Boüère décéda au château de Martigné, paroisse de Saint-Pierre-de-Marnay (Indre-et-Loire), le 4 septembre 1774 (3).

§ IX — DOUZIÈME DEGRÉ

Armand-Modeste de Gazeau, chevalier, comte de la *Boüère*, seigneur de Loncosme et autres lieux,

(1) Anne-Perrine de Gréaulme descendait des premiers rois d'Ecosse : l'un de ses ancêtres était venu en France au temps de Guillaume le Conquérant (Notes inédites de la comtesse de la Boüère).

(2) *Mémoires de la comtesse de la Boüère*, publiés en 1890.

(3) C'est par erreur que Beauchet-Filleau le dit décédé en 1776.

fils aîné du précédent, né au château de Marcilly (Indre-et-Loire), le 23 juin 1765, baptisé en l'église de Saint-Pierre-de-Marnay (Indre-et-Loire), fit ses preuves, le 14 mai 1778, pour son admission aux pages de Mgr le duc d'Orléans, et entra au régiment d'Orléans-Cavalerie, le 5 octobre 1780. Nommé lieutenant, le 2 juin 1788, il émigra en 1792, servit dans l'armée du duc de Bourbon dans la compagnie de la noblesse d'Anjou, rentra en France, se mit à la tête des paysans de la paroisse de Jallais, le 17 mars 1793, et repoussa ce même jour les bleus qui étaient devant ce bourg. Il suivit l'armée vendéenne et fit partie de la colonne du marquis de Donnissan, toujours remarqué par son courage et son humanité. Nommé commandant du château de la Forêt-sur-Sèvre, il en remit peu après le commandement à M. de Beauvais, continua à faire partie de l'armée royale et prit part à un grand nombre de combats, jusqu'à la pacification. Il reçut, en juin 1794, le brevet de lieutenant général de l'armée d'Anjou et du Haut-Poitou, fut blessé trois fois aux batailles de Gesté, Challans et la Châtaigneraie; fait prisonnier, en 1796, il fut sur le point d'être fusillé, mais ayant été mis au cachot, il put s'évader avant le jugement du conseil de guerre. Le 28 août 1816, il fut promu colonel pour en tenir rang à partir de cette époque, et était alors chevalier de Saint-Louis et de la Légion d'honneur.

Il avait épousé, le 21 février 1789, à la Fère (Aisne), Antoinette-Charlotte *Le Duc*, fille de Claude-Marie Le Duc, seigneur de Vallenciennes, maréchal de camp (1), et de Marie-Françoise-Charlotte-Victoire de Renty, née à la Fère, le 9 juin 1770, dont il eut :

(1) Claude-Marie Le Duc, seigneur de Vallenciennes, maréchal de camp, inspecteur général d'artillerie, né en 1713, à Thoissey, principauté de Dombes, servit pendant 68 ans, fit 19 campagnes, fut emprisonné pendant la Terreur à Laon et à Soissons avec son épouse, deux de ses filles et un grand

1° *Eugénie-Aglaé-Antoinette-Modeste-Claudine-Julie,* née à Marcilly (Indre-et-Loire), le 22 janvier 1790, mariée à Chartres, le 25 janvier 1816 (1), à Jean-Frédéric Sourdeau de Beauregard (2), avocat général à Angers, et décédée, le 30 janvier 1849, au château de Saint-Florent, près Saumur, ayant eu deux enfants.

A. — *Eugène-Frédéric-Gaston-Henry Sourdeau de Beauregard,* né à Angers, le 5 janvier 1817, décédé à Paris, sans postérité, le 11 janvier 1836.

B. — *Alix-Louise Sourdeau de Beauregard,* née à Angers, le 23 juin 1824, mariée à Saint-Laud d'Angers, le 21 février 1843, avec Maximilien-Camille de Bernard, vicomte de la Frégeolière (3), et décédée au château de Saint-Florent, près Saumur, le 6 juillet 1906 (4).

2° *Henry,* tué à l'âge de 22 ans, à la bataille de Leipzig, en 1813.

nombre de ses proches parents qui furent tous relâchés après le 9 thermidor. Il est mort en 1807, ayant écrit un ouvrage sur l'artillerie. (*Mémoires de la comtesse de la Boüère.*)

(1) Le contrat de mariage a été signé par le roi et la famille royale.

(2) Jean-Frédéric Sourdeau de Beauregard, né à Saumur, le 12 mai 1785, est mort à Angers, le 30 novembre 1857.

(3) Maximilien-Camille de Bernard, vicomte de la Frégeolière, est décédé au château de Saint-Florent, le 9 octobre 1876.

(4) Alix de Beauregard avait eu de son mariage avec le vicomte de la Frégeolière :

1° Jeanne-Marie-Louise de la Frégeolière, née le 20 octobre 1844, mariée le 21 juin 1865, à Saint-Florent, avec le baron de Bodman, et morte au château de Saint-Florent, le 1er mars 1880, laissant cinq enfants.

2° Marie-Thérèse de la Frégeolière, née à Angers, le 18 avril 1846, mariée, le 20 juin 1870, au baron de Birmingham, et morte sans postérité au château de Saint-Florent, le 4 mai 1871.

3° Renaud-Alexandre de la Frégeolière, né à Angers, le 9 février 1848, enseigne de vaisseau, tué à la bataille de Bapaume, le 2 janvier 1871. (Notes communiquées par Mlle Elisabeth de Bodman.)

3° *Anastasie-Charlotte-Cécile*, née le 23 octobre 1793, à la métairie des Aulnais-Jagu, paroisse de la Poitevinière (Maine-et-Loire), où sa mère se tenait cachée; mariée à Paris, le 1er mai 1816, à Alexandre, vicomte de Caze, receveur général à Chartres (1), et décédée le 9 septembre 1869, à Villeneuve-l'Etang (Seine-et-Oise), ayant eu quatre enfants.

4° *Adèle-Charlotte-Pauline*, née le 24 mars 1796, à la métairie du Quarteron, paroisse de la Poitevinière, où sa mère se tenait cachée; reçue dame honoraire de l'ordre de Sainte-Thérèse et de Sainte-Anne de Bavière par brevet donné à Munich, le 26 février 1828, et décédée à Paris en mars 1885.

5° *Antoine-Xavier-Gabriel*, qui suit (2).

A la pacification, le comte Armand-Modeste de la Boüère reprit possession de son château de la Boüère qui avait été pillé et brûlé en partie (3), et de ses propriétés dévastées.

En 1821, à l'occasion du baptême de la cloche paroissiale de Jallais, la duchesse de Berry, qui avait accepté d'en être la marraine, adressa à la famille de Gazeau de la Boüère une procuration en date du 16 juillet 1821, faite au château de Saint-Cloud, par laquelle elle constituait pour son mandataire spécial Antoinette-Charlotte Le Duc, comtesse de la Boüère (4).

Armand-Modeste de Gazeau, comte de la Boüère, mourut à sa terre de Vallette, commune de Chatellerault (Vienne), le 4 mars 1847, et fut inhumé en la

(1) Alexandre, vicomte de Caze, est mort en 1850.

(2) Notes communiquées, en 1905, par la vicomtesse de la Frégeolière, un an avant sa mort, et par sa tante, la comtesse de Gazeau de la Boüère, morte en 1908.

(3) Le château de la Boüère, incendié, le 30 novembre 1793, par la colonne du général Desmares, et restauré après la Révolution par le comte de Gazeau de la Boüère, a été aliéné puis démoli de 1905 à 1908.

(4) *Mémoires de la comtesse de la Boüère*

chapelle du château de la Boüère (1), commune de Jallais (Maine-et-Loire), où ses restes reposèrent jusqu'en 1908.

Sa veuve, Antoinette-Charlotte Le Duc, comtesse douairière de la Boüère, qui a laissé d'intéressants mémoires sur l'insurrection royaliste en Anjou, est décédée à la Boüère, le 9 septembre 1867, âgée de 97 ans, et a été inhumée auprès de son époux dans la chapelle de ce château (2).

Depuis le 24 novembre 1908, les corps du comte et de la comtesse de la Boüère reposent au cimetière paroissial de Jallais dans un tombeau de famille, élevé quelques années auparavant, par leur petite-fille, la vicomtesse de la Frégeolière, née Sourdeau de Beauregard.

§ X — TREIZIÈME DEGRÉ

Antoine-Xavier-Gabriel de Gazeau, comte de la *Boüère*, seul fils survivant du précédent, né au château de la Boüère, commune de Jallais, le 1er avril 1800, entra comme surnuméraire dans la 1re compagnie des mousquetaires en 1814, fut nommé lieutenant de cavalerie, le 4 mars 1815, chevalier de Malte, le 18 mars 1818, chevalier de la Légion d'honneur, le

(1) En mai 1898, le caveau de la chapelle de la Boüère fut profané par des voleurs qui défoncèrent les quatre cercueils du comte de Gazeau de la Boüère, de la comtesse douairière, née Le Duc, de Gertrude de Coriolis, comtesse de la Boüère, morte en 1855, et de sa fille Elisabeth de la Boüère, décédée à Nice en 1863. Seul fut épargné le cinquième cercueil, celui de Marie-Thérèse, sœur de la précédente, morte en 1858. (*Publicateur de la Vendée*, 27 mai 1898). Dix ans plus tard, les restes de la famille de la Boüère furent transférés au cimetière de Jallais.

(2) *Les Mémoires de la comtesse douairière de la Boüère* ont été publiés, en 1890, par sa belle-fille, la comtesse de la Boüère, née Valentine Falquet de Planta.

3 octobre 1823, et obtint, le 26 avril 1828, l'autorisation de porter la décoration de chevalier de l'ordre de Saint-Ferdinand d'Espagne (1re classe), pour les services qu'il avait rendus pendant la campagne de 1823, en qualité de capitaine aide-major du maréchal de Lauriston, son oncle.

Il épousa, 1° à Villeneuve-l'Etang, Gertrude de *Coriolis*, qui mourut en 1855 (1), lui laissant deux filles.

Il s'unit, 2° en 1863, à Valentine *Falquet de Planta* (2), dont un fils.

Il a eu pour enfants :

1° (du 1er lit), *Elisabeth*, née en 1839, décédée sans alliance à Nice, en 1863, inhumée d'abord dans la chapelle du château de la Boüère, puis dans le cimetière de Jallais, en 1908.

2° (du 1er lit), *Marie-Thérèse*, née en 1843, morte au château de la Boüère, en 1858.

3° (du 2e lit), *Jacques*, qui suit.

Antoine-Xavier-Gabriel de Gazeau, comte de la Boüère, est mort, le 1er avril 1881, à la Tronche (Isère).

Sa veuve, Valentine Falquet de Planta, qui a publié, en 1890, les mémoires de la comtesse de la Boüère, née Le Duc, est décédee, le 9 juin 1908, à Laval (Isère), âgée de 71 ans.

§ XI — QUATORZIÈME DEGRÉ

Jacques de Gazeau, comte de la *Boüère*, fils unique du précédent et de sa deuxième femme, Valentine

(1) Gertrude de Coriolis fut inhumée en la chapelle du château de la Boüère ainsi que ses deux filles, Elisabeth et Marie-Thérèse. Les restes des trois furent transférés au cimetière de Jallais, le 24 novembre 1908.

(2) D'une famille du Dauphiné.

Falquet de Planta, né le 18 février 1866, au château de la Boüère, a épousé à Falaise, le 3 août 1901, Marie-Suzanne *Gatineau*, fille de N... Gatineau et de N... de Pracontal, dont il a Georges, né à Paris, le 9 août 1902 (1).

(1) Notes communiquées par la vicomtesse de la Frégeolière, née Sourdeau de Beauregard, et par sa petite-fille, Mlle Elisabeth de Bodman.

CHAPITRE X

Branche de la Fouleresse

(Sans jonction)

Cette branche, qui prit part à la nomination des députés aux Etats généraux de 1789, dans le Saumurois, portait le même blason que les Gazeau du Bas-Poitou, d'après M. Carré de Busserolle.

§ I — PREMIER DEGRÉ

Antoine Gazeau, demeurant à l'Ecurie (paroisse de Saint-Pierre-des-Echaubronnes, Deux-Sèvres), fait un achat, le 26 février 1609, de Etienne Hervé, sieur du Pinelier, et de Jeanne Chevalier, sa femme, demeurant à la Guérinière (Le Puy-Saint-Bonnet, Deux-Sèvres), en présence de Jean Thubin, prêtre, curé de Saint-Mélaine-de-Mauléon (Arch. Maine-et-Loire. E. 1306), et fait hommage, à cause de sa femme, en 1618, de la borderie de la Touche-Aimé, à la châtellenie de Saint-Clémentin *(Histoire de Saint-Clémentin*, par l'abbé Michaud, p. 138.) Les paroisses des Echaubrognes et du Puy-Saint-Bonnet faisaient partie des marches communes du Poitou et de l'Anjou, d'après des sentences de 1641 et aveu de 1647.

Antoine Gazeau épousa Marie *Yonques,* dont il eut au moins Guy, qui suit.

§ II — DEUXIÈME DEGRÉ

Guy Gazeau, écuyer, seigneur de la *Touche* et de l'*Ecurie*, fils du précédent, épousa, le 21 juin 1645, par contr. pass. dev. Guillard et Marbeuf, notaires à la Mothe-Saint-Héray, Catherine *Garnier* (1), dame de *Villedon,* fille de Médard Garnier, écuyer, seigneur de Butré, et de Louise Jaillard (2), et en eut au moins Jean, qui suit.

§ III — TROISIÈME DEGRÉ

Jean Gazeau, chevalier, seigneur de l'*Ecurie,* la *Touche-Amet*, la *Fouleresse* (Saire et Savigny-sous-Faye, Vienne), fils du précédent, rendit hommage au sieur de la Sevrie pour son fief de l'Ecurie, le 9 juin 1683, et épousa, 1° le 25 février 1671, par contr. pass. dev. Favereau, notaire à Mauléon, Jeanne *Séneschal ;* 2° à Mirebeau, le 1er novembre 1683, Suzanne du *Chesnel.*

Il eut pour enfants :

1° (du 1er lit), *Louise,* mariée à Louis Borgnet, écuyer, seigneur de Launay, et décédée avant le 28 octobre 1722.

2° *Françoise,* mariée à Cyprien Garnier, sieur de la Touche, également décédée avant le 28 octobre 1722, date d'une transaction passée entre les maris et Nicolas Gazeau, leur frère (Arch. Vien. En 1142).

3° (du 2e lit), *Marie,* baptisée le 8 novembre 1684, à Mirebeau, et inhumée dans cette église, le 29 mai 1722, veuve de Philippe Siccault (?) de la Noue, chevalier, seigneur de N...

(1) Les Garnier (Poitou) portent *gironné d'or et de gueules.*

(2) Les Jaillard (Poitou) portent *d'azur à 3 tours d'or, maçonnées de sable.*

4° *Jean*, baptisé à Mirebeau, le 28 mai 1688.

5° *Nicolas*, qui suit.

6° *Jacob*, baptisé le 23 août 1691, à Mirebeau, et inhumé en la même église, le 18 septembre 1708.

7° *Suzanne*, baptisée à Mirebeau, le 10 novembre 1693.

Jean Gazeau de la Fouleresse mourut à l'âge de 66 ans, et fut inhumé en l'église de Mirebeau, devant le confessionnal.

§ IV — QUATRIÈME DEGRÉ

Nicolas Gazeau, chevalier, seigneur de la *Fouleresse*, la *Touche*, fils du précédent, baptisé à Mirebeau, le 22 février 1690, épousa, à Thurageau (Vienne), le 20 août 1720, Françoise-Anne *David*, fille de Pierre David et de Françoise Gardemault, dont il eut :

1° *Nicolas*, qui suit.

2° *Paul*, rapporté au chap. XI, § I, chef de la branche de la Touche.

Nicolas Gazeau fut inhumé en l'église de Mirebeau, le 14 mars 1735.

§ V — CINQUIÈME DEGRÉ

Nicolas de Gazeau, chevalier, seigneur de la *Fouleresse*, fils aîné du précédent, baptisé à Mirebeau, le 20 mars 1721, épousa, le 22 octobre 1753, Marie-Hyacinthe de *Mondion*, fille de feu Jean-Vincent de Mondion, chevalier, seigneur de Chassigny, et de Jeanne Ragaud ou Ragot, dont il eut :

1° *Jeanne-Hyacinthe*, baptisée, le 11 août 1754, à Mirebeau, mariée au même lieu, le 13 juin 1786, à Jean-Eloi de Pignonneau, à qui elle apporta la terre de la Fouleresse.

2° *Jean-Nicolas*, baptisé le 17 septembre 1755, à Mirebeau.

3° *Charles*, baptisé le 12 juillet 1757.

4° *Louise-Paule*, baptisée, le 4 novembre 1758, à Mirebeau, et inhumée à Amberre (Vienne), le 21 novembre de la même année.

5° *Louise-Françoise*, baptisée, le 9 octobre 1759, à Mirebeau, mariée à Thurageau, le 25 mai 1799, à Jean-René Thubert de la Vrillaye, lieutenant au régiment de Picardie.

6° *Nicolas-Louis*, baptisé le 16 octobre 1760.

7° *Jean*, baptisé le 15 septembre 1762.

8° *François-Balthazar*, baptisé le 29 août 1764, à Mirebeau, inhumé au même lieu, le 31 octobre 1774.

9° *Marie*, baptisée, le 24 mars 1768, à Mirebeau, mariée à Thurageau, le 16 août 1791, à Henri-Louis Brice-Montigny.

Nicolas de Gazeau fut inhumé à Mirebeau, le 8 mai 1785 (1).

(1) Nous avons emprunté ce chapitre en entier au *Dictionnaire hist. et gén. des fam. du Poitou*, de BEAUCHET-FILLEAU, 2e éd., 1er fasc., févr. 1909.

CHAPITRE XI

Branche de la Touche

Issue de celle de la Fouleresse

§ I — CINQUIÈME DEGRÉ

Paul de Gazeau, chevalier, seigneur de la *Touche,* fils puîné de Nicolas Gazeau, chevalier, seigneur de Fouleresse et de la Touche, et de Françoise-Anne David (chap. x, § iv, 4e deg.), baptisé à Mirebeau, le 4 août 1722, épousa dans la chapelle de Chamaillard (paroisse de Varennes, Vienne), le 15 novembre 1768, Catherine-Claude *Le Lot,* qui fut inhumée à Thurageau, le 12 février 1782, et dut avoir pour fils *Paul,* qui suit (1).

§ II — SIXIÈME DEGRÉ

Paul de Gazeau, chevalier, seigneur de la *Touche,* fils du précédent, épousa Rose-Catherine de *Sigogné,* fille de Gaëtan de Sigogné et de Jeanne-Marie de Barillon (2). Marie-Madeleine de Sigogné sa parente, lui donna la maison du Colombier, le 28 octobre 1785 (Arch. Vienne C. 862). Il eut pour enfants, au moins :

(1) Beauchet-Filleau, *Dict. hist. et gén.*

(2) Les Barillon portent *de gueules à 3 barillets couchés d'or, cerclés de sable, posés 2 et 1* (Arm. d'Anjou et de Bretagne).

1° *Paul,* baptisé à Thurageau, le 2 juillet 1788, et décédé, le 27 octobre suivant.

2° *Paul,* qui suit.

3° *Armand-Daniel,* baptisé à Thurageau, le 13 février 1791 (1).

§ III — SEPTIÈME DEGRÉ

Paul de Gazeau, fils aîné survivant du précédent, baptisé à Thurageau, le 27 mai 1789, est celui, croyons-nous, qui épousa, sous le nom de Paul-Philippe, Renée-Esther *Ledier,* dont il eut au moins *Philippe-Pierre-Théodore-Alphonse,* né le 14 janvier 1813, et décédé à Poitiers, le lendemain (2).

FIN DE LA GÉNÉALOGIE

(1) Beauchet-Filleau, *Dict. hist. et gén.*
(2) *Id.*

APPENDICE

La plupart des branches de la maison de Gazeau sont éteintes.

L'une des dernières survivantes et la seule demeurée en Bas-Poitou est la branche dite de Lerrière, aujourd'hui représentée par M. Aimé de Gazeau, châtelain du Plessis-Gatineau, en la Chapelle-Achard.

Le Plessis-Gatineau, terre noble relevant de l'ancienne baronnie de la Mothe-Achard, après avoir appartenu successivement aux familles Foucher des Herbiers (1), de Fénieu (2), Robineau de la Renollière, Desnos (3), Massé des Longeais, passa de cette dernière, par alliance, en 1756, aux Servanteau de la Brunière (4) qui l'ont transmis à leurs descendants, les Gentet de la Chesnelière, lesquels l'on fait passer par alliance aux Mercier de Lépinay qui l'ont enfin porté dans la maison de Gazeau par le mariage de Victorine de Lépinay avec Amédée de Gazeau, contracté le 12 octobre 1835.

Pour terminer cette étude généalogique, nous tenons à donner la filiation des seigneurs du Plessis-Gatineau, à partir de l'époque où cette terre est entrée dans la famille qui la possède encore.

(1) SAINTE-MARTHE, *op. cit.*, folio 206 et Généalogie des Foucher.

(2) Aveux, 3 octobre 1619, 3 novembre 1646, etc. (Arch. chât. La Mothe-Achard.)

(3) D'après M. de TINGUY.

(4) Aveu du 9 janvier 1757. (Arch. chât. La Mothe-Achard.)

§ I. — **Henri-Charles-Marie Servanteau,** chevalier, seigneur de la **Brunière,** du *Plessis-Gatineau* et autres lieux, capitaine au régiment de Dauphin-Dragons, chevalier de l'ordre royal et militaire de Saint-Louis, treizième enfant de André Servanteau, chevalier, seigneur de la Brunière, l'Audardière et autres lieux, conseiller du roi (1), et de Marie-Anne Goullard de Beauvais, né aux Sables-d'Olonne, le 25 mars 1728 (2), épousa au même lieu, le 1er mai 1756, *Marie-Anne-Florence Massé des Longeais*, dame de *Beauvoir* (3), fille de feu Jacques Massé, écuyer, seigneur des Longeais, Beauvoir, la Noue, etc., et de Marie Lodre (4), née aux Sables-d'Olonne, le 30 avril 1731 (5), laquelle lui apporta la terre du Plessis-Gatineau. De ce mariage naquirent :

(1) André Servanteau de la Brunière, né en 1675, fils de André Servanteau, écuyer, conseiller du roi, maison et couronne de France et de ses finances, et de Catherine Bedeau eut de Marie-Anne Goullard, son épouse, de nombreux enfants. Décédé à l'âge de 62 ans, il fut inhumé en l'église des Sables, le 12 mai 1738. Les Servanteau (Poitou) portent *d'azur au chevron d'argent, accompagné de trois étoiles de même, 2 et 1.*

(2) Baptisé en l'église des Sables, il eut pour pourrain et marraine : André-Charles-Benoit Servanteau de la Brunière, son frère, et demoiselle Marie-Aimée Servanteau.

(3) Le mariage eut lieu à Notre-Dame des Sables, en présence de Jean-Jacques Le Clerc, écuyer, seigneur de Launay, commissaire de la marine; Jean-Philippe de Vieux, chevalier, seigneur du Grand-Pin-Sauvage, beaux-frères de l'époux; Gaspard-Pierre Marin, chevalier de la Guignardière, gentilhomme de la chambre de l'Electeur de Cologne, etc. (reg. parois.).

(4) Marie Lodre était à cette époque épouse, en deuxièmes noces, de François-René-Joseph de Vaugiraud, chevalier, seigneur de Rosnay et de Logerie, cr de la noblesse du Bas-Poitou, avec lequel elle s'était remariée aux Sables, le 4 février 1739.

(5) Etant fille posthume et un triple deuil venant de frapper la famille, elle fut baptisée sans cérémonie et eut pour parrain et marraine ses domestiques, Jean Caillaud et Marie Caillaud frère et sœur.

1° *Marie-Anne-Charlotte de la Brunière,* née aux Sables-d'Olonne, le 12 février 1757, morte sans alliance au même lieu, âgée de 29 ans, et inhumée en le cimetière des Sables, le 8 mai 1786.

2° *Marie-Florence de la Brunière,* qui fera l'objet du § II *bis*.

3° *Geneviève-Esprit de la Brunière,* née aux Sables-d'Olonne, le 22 août 1759, mariée à Joseph Jannet de la Bauduère.

4° *Henri-Marie-François,* qui suit.

5° *Pauline-Victoire de la Brunière,* morte à l'âge de 3 ans et inhumée aux Sables-d'Olonne, le 18 avril 1774.

Henri-Charles-Marie de la Brunière, retiré du service, vécut à sa terre du Plessis-Gatineau, jusqu'au moment où il fut arrêté comme suspect, le 15 mai 1793, et emprisonné aux Sables avec son épouse; ses deux filles et son fils subirent le même sort, le 24 septembre suivant (1), mais tous échappèrent à la guillotine.

Il ne survécut pas à la Révolution, laissant le Plessis à ses deux filles et à son fils émigré. Sa veuve, Marie-Anne-Florence Massé des Longeais se retira aux Sables où elle est morte à un âge très avancé.

§ II. — **Henri-Marie-François Servanteau de la Brunière,** chevalier de l'ordre royal et militaire de Saint-Louis, seul fils du précédent, né aux Sables-d'Olonne, le 29 août 1763 (2), fut arrêté aux Tuileries, comme ancien chevalier du poignard, le 10 août

(1) *Les prisons des Sables*, par l'abbé Renolleau.

(2) Il fut tenu sur les fonts baptismaux par Louis-François de Buor, chevalier, seigneur de la Mulnière, époux de Marie-Jacquette Massé des Longeais, son oncle d'alliance, et par Rose-Françoise Servanteau de la Brunière, veuve de Joseph Lodre, sa tante paternelle.

1792, à la suite de la violation de sa correspondance décachetée à Fontenay, mais s'étant disculpé facilement, il fut remis en liberté peu de jours après. Arrêté de nouveau, aux Sables-d'Olonne, comme suspect, le 24 septembre 1793 (1), en même temps que ses deux sœurs, il fut relâché quelques jours plus tard et émigra en Angleterre, ce qui lui valut la confiscation de ses biens. Son père étant décédé lorsqu'il revint de l'exil, il trouva le Plessis restauré (2) et occupé par son beau-frère et sa sœur, M. et Mme de la Chesnelière ; il trouva sa mère retirée aux Sables et fixa sa résidence provisoire à Olonne.

Le 28 août 1804, il épousa, à la Chapelle-Achard, avec dispense obtenue en cour de Rome, sa nièce Marie-Victoire *Gentet de la Chesnelière* (3), dont il eut :

1° *Jacques-Charles-Victor de la Brunière,* né au Plessis-Gatineau, le 15 mai 1805, marié à Bathilde-Charlotte de Goué, fille de Alfred de Goué et de Rosalie du Tressay, et décédé à la Garnaude, commune de Beaulieu-sous-la-Roche, le 28 novembre 1860 (4).

2° *André-Henri-Auguste de la Brunière,* né au Plessis-Gatineau, le 26 août 1808, marié à sa cousine-germaine, Victoire-Henriette-Zoé Mercier de Lépinay, fille de André Mercier de Lépinay, ancien capitaine de cavalerie, chevalier de Saint-Louis, et de Louise-Esprit Gentet de la Chesnelière, et décédé à

(1) *Les Prisons des Sables,* par l'abbé Renolleau.

(2) Le Plessis-Gatineau avait été brûlé pendant la Révolution.

(3) Voir § III, p. 90.

(4) Sa veuve, Bathilde-Charlotte de Goué est décédée à Nantes, le 11 août 1863 et a été inhumée à Beaulieu-sous-la-Roche.

la Guissiere, commune de Beaulieu-sous-la-Roche, le 6 mars 1857 (1).

Henri-Marie-François de la Brunière, décéda au Plessis-Gâtineau, le 2 février 1809, âgé de 45 ans, laissant sa part de ce domaine à ses deux fils en bas âge, sous la tutelle de leur mère Marie-Victoire de la Chesnelière.

§ II *bis*. — **Marie-Florence Servanteau de la Brunière,** née aux Sables-d'Olonne, le 16 août 1758, sœur du précédent, fille de Henri-Charles-Marie Servanteau, chevalier, seigneur de la Brunière et de Marie-Anne-Florence Massé des Longeais, épousa par contrat du 20 novembre 1780, passé devant Rion et Lansier, notaires de la baronnie de Brandois, *Jean-Jacques Gentet de la Chesnelière* (2), chevalier, seigneur de la Berthelière et de la Chesnelière, ancien chevau-léger de la garde du roi, chevalier des ordres de Saint-Louis et de Saint-Lazare, veuf de Marie-Anne-Jeanne-Françoise de Buor de Villeneuve, et reçut la bénédiction nuptiale, en l'église de la Chapelle-Achard, le 21 novembre 1780 (3).

Jean-Jacques Gentet de la Chesnelière, né à Fontenay-le-Comte, le 4 février 1750, fils aîné de Jacques-René Gentet, seigneur de la Chesnelière, lieutenant

(1) Victoire-Henriette-Zoé Mercier de Lépinay était née à la Guissière, commune de Beaulieu-sous-la-Roche, le 19 juin 1813. De son mariage avec Auguste de la Brunière elle eut un fils unique, Paul, mort en bas âge, à Mont-de-Marsan. Elle est décédée à la Guissière, le 6 mai 1888.

(2) Les Gentet de la Chesnelière (Poitou) portent *d'argent à trois merlettes de sable, posées 2 et 1*. La terre de la Chesnelière est située en la commune de Saint-Hilaire-de-Voust.

(3) Le mariage se fit en présence de Paul Jaillard des Forges, Jacques Duget, avocat, amis de l'époux; Henri-Marie de la Brunière et Joseph de Vaugiraud, chevalier, seigneur des Granges et autres lieux, chevalier de Saint-Louis, père et oncle de l'épouse. (Reg. de la par. de la Chapelle-Achard.)

des maréchaux de France, et de Marie-Madeleine-Elisabeth Jeullin, avait épousé en premières noces, par contrat passé devant Fournier et Garnier, notaires de la principauté de Talmond, le 3 novembre 1776, Marie-Anne-Jeanne-Françoise de Buor de Villeneuve, fille de Jean-Elie de Buor, écuyer, seigneur de Villeneuve et de Jeanne Garnier, morte prématurément après avoir eu un fils, Samuel-Aimé-Constant Gentet de la Chesnelière, décédé à l'âge de 15 mois, aux Sables-d'Olonne, le 29 novembre 1779.

En deuxièmes noces, comme nous l'avons dit plus haut, Jacques de la Chesnelière épousa, malgré l'opposition de son père, le 21 novembre 1780, à la Chapelle-Achard, Marie-Florence Servanteau de la Brunière dont il eut :

1° *Florence-Marie-Henriette de la Chesnelière*, née au Plessis-Gatineau, le 19 décembre 1781 (1), morte aux Sables-d'Olonne, le 28 novembre 1787 (2).

2° *Marie-Victoire de la Chesnelière*, qui suit ;

3° *Louise-Esprit de la Chesnelière*, née aux Sables-d'Olonne, le 22 juin 1786 (3), mariée à André Mercier de Lépinay, capitaine de cavalerie, chevalier de Saint-Louis (4), son cousin, fils de Jean-Jacques

(1) Baptisée à la Chapelle-Achard, le 20 décembre 1781, elle eut pour parrain et marraine, Henri-Charles-Marie de la Brunière, ancien capitaine de dragons, chevalier de Saint-Louis, et Marie-Anne-Florence Massé des Longeais, aïeuls maternels.

(2) Elle fut inhumée en le cimetière des Sables, aujourd'hui jardin du Calvaire, tout près de la porte d'entrée.

(3) Son parrain et sa marraine furent : Louis-Jacques de Buor, chevalier, seigneur de la Mulnière, son cousin, et d[lle] Esprit de la Brunière sa tante maternelle (Reg. de la par. des Sables).

(4) *André Mercier de Lépinay*, né aux Sables-d'Olonne, le 9 septembre 1780, y fut tenu sur les fonts baptismaux par Jacques Mercier, conseiller du Roi, son aïeul paternel, et par Rose-Françoise Servanteau de la Brunière, veuve de Joseph Lodre, écuyer, conseiller du Roi, contrôleur ordinaire des guerres, son aïeule maternelle. Trop jeune en 1793, il ne put

Mercier de Lépinay, lieutenant-colonel d'artillerie, chevalier de Saint-Louis, et de Marie-Anne-Eulalie Lodre de la Guissière. Elle est décédée à la Guissière le 25 avril 1850.

Mme de la Chesnelière incarcérée aux Sables-d'Olonne, le 24 septembre 1793, comme femme de suspect disparu, en même temps que son frère et sa sœur, fut élargie quelques jours après. Arrêtée de nouveau et écrouée à la prison de la même ville, elle ne fut remise en liberté qu'en février 1795, à la suite de l'amnistie de la convention du 9 décembre 1794 (1).

Elle recueillit dans la succession de son père, Henri-Charles-Marie de la Brunière, mort avant la fin de la Révolution, la terre du Plessis-Gatineau dont elle héritait conjointement avec sa sœur Geneviève-Esprit et son frère, Henri-Marie-François, alors émigré, en fit restaurer le château pillé et brûlé pendant la guerre et s'y fixa avec son époux et ses filles.

Jean-Jacques Gentet de la Chesnelière emprisonné pendant la Révolution aux Sables-d'Olonne et expédié, par la Commission militaire de cette ville, à

prendre les armes qu'en 1799, en même temps que son frère, Joseph, dans la division des Sables.

De son mariage avec Louise-Esprit de la Chesnelière il eut :

1° *Eulalie-Elisabeth*, qui épousa, à Beaulieu-sous-la-Roche, le 16 juin 1835, Louis-Marie-Gaëtan du Raget de Champbonin.

2° *Marie-Solitude-Alexandrine*, née à la Guissière, le 11 décembre 1809, mariée à Alexis Reveillé de Beauregard et décédée à Legé (L.-Inf.), le 29 novembre 1892.

3° *Victoire-Henriette-Zoé*, mariée à son cousin-germain, André-Henri-Auguste Servanteau de la Brunière. (V. § II, note 1, Append.)

André de Lépinay est décédé à la Guissière, le 6 juin 1840, et son épouse, Louise-Esprit de la Chesnelière, au même lieu, le 25 avril 1850. Les deux ont été inhumés en le cimetière de Beaulieu.

(1) *Les Prisons des Sables*, par l'abbé Renolleau

Noirmoutier, le 16 juin 1794, sur l'ordre du Comité de Salut public de Paris (1), fut délivré de la captivité par le 9 thermidor. Il est décédé au Plessis-Gatineau, le 1er janvier 1819 (2), et sa veuve, Marie-Florence de la Brunière (3), au même lieu, le 6 mars 1827, laissant à ses deux filles la terre du Plessis qui fut attribuée à l'aînée, Marie-Victoire de la Chesnelière, épouse de René-Joseph Mercier de Lépinay.

§ III. – **Marie-Victoire Gentet de la Chesnelière,** fille de la précédente, née aux Sables-d'Olonne, le 26 décembre 1783 (4), fut témoin dans son enfance, aux Sables et à Nantes de toutes les horreurs de la Révolution, vit arrêter sa mère, son père, ses grands parents paternels et maternels (5), ses oncles, tantes, etc., et eut elle-même à subir de mauvais traite-

(1) *Les Prisons des Sables*, par l'abbé Renolleau.

(2) Les époux de la Chesnelière inhumés en l'ancien cimetière de la Chapelle-Achard ont été exhumés et transférés au cimetière actuel, le 27 septembre 1900, par les soins de leur arrière-petit-fils, M. Aimé de Gazeau.

(3) C'est par erreur que plusieurs actes donnent les prénoms de *Marie Henriette* à Mme de la Chesnelière, née de la Brunière, prénommée en réalité *Marie-Florence*. Un jugement du tribunal civil des Sables a d'ailleurs substitué le prénom de *Florence* à celui d'*Henriette*, jugement mentionné en marge de l'acte de baptême de sa fille, dans les registres de la paroisse des Sables, année 1786.

(4) Baptisée en l'église des Sables, elle eut pour parrain et marraine : François-René de Vaugiraud de Rosnay et Rose-Françoise Servanteau de la Brunière, veuve de Joseph Lodre, grand'tante paternelle.

(5) Jacques-René Gentet de la Chesnelière, lieutenant des Maréchaux de France au baillage de Fontenay-le-Comte, fut emprisonné deux fois en cette ville, en même temps que son épouse Marie-Madeleine-Elisabeth Jeullin, qui ne put être transportée aux prisons de Niort parce qu'elle était paralytique. (Soc. Emul. Vendée, 1893.)

ments de la part des gens auxquels elle fut confiée pendant la détention de sa famille.

Ramenée au Plessis par ses parents, après la Révolution, elle épousa, comme il a été dit, à la Chapelle-Achard, le 28 août 1804, son oncle maternel, *Henri-Marie-François Servanteau de la Brunière*, chevalier de Saint-Louis, dont elle eut deux fils (V. § II) :

1° *Jacques Charles-Victor Servanteau de la Brunière*, né le 15 mai 1805 (V. § II, p. 85) ;

2° *André-Henri-Auguste Servanteau de la Brunière*, né le 26 août 1808 (V. § II, p. 85).

Devenue veuve, le 2 février 1809, Marie-Victoire de la Chesnelière épousa en secondes noces, à la Chapelle-Achard, le 9 juillet 1811, son cousin issu de germain, *René-Joseph Mercier de Lépinay*, capitaine d'infanterie, fils de Jean-Jacques Mercier de Lépinay, ancien lieutenant-colonel d'artillerie, chevalier de Saint-Louis, et de Marie-Anne-Eulalie Lodre de la Guissière, dont elle eut :

1° *Marie Eulalie-Jacquette-Victorine Mercier de Lépinay*, qui suit ;

2° *Stanislas-Joseph Mercier de Lépinay*, marié le 10 septembre 1844, à Emilie de Goué de la Chabotterie (1), et décédé à la Chaize-Giraud, le 2 août 1880, âgé de 65 ans.

3° *Victor Mercier de Lépinay*, marié à Irma Naud,

(1) *Emilie de Goué de la Chabotterie*, fille de Gabriel de Goué de la Chabotterie et de N... de Besné, eut de son mariage avec *Stanislas Mercier de Lépinay*, deux filles : *Marie et Eugénie*, mortes sans alliances, et un fils, *Emile-Marie-Joseph*, né le 1er septembre 1846, marié le 6 février 1872, à Elisa-Marie-Antoinette de Tinguy de la Giroulière et domicilié à Richebonne, près Legé. Emilie de Goué, décédée à la Roche-sur-Yon, le 8 novembre 1882, a été inhumée à la Chaize-Giraud. Les de Goué portent : *d'or au lion de gueules, surmonté d'une fleur de lys d'azur.*

et décédé à Sigournais, le 15 mai 1898, âgé de 75 ans (1).

René-Joseph Mercier de Lépinay, né aux Sables-d'Olonne, le 17 juin 1782 (2), trop jeune pour prendre les armes en 1793, avait été fait capitaine dans l'armée royale de la Vendée, le 16 octobre 1799. Il reçut la décoration du Lys en 1814, reprit les armes en 1815, avec le grade de capitaine qui lui fut confirmé, le 8 janvier 1817, dans la légion de la Vendée, quitta le service en 1819, fut décoré de la Légion d'honneur, le 22 décembre 1821 ; arrêté en 1832, il fut incarcéré aux Sables-d'Olonne et décéda au Plessis-Gatineau, le 6 septembre 1849.

Du vivant de Marie-Victoire de la Chesnelière, et en vertu d'un partage fait entre ses enfants, le domaine du Plessis fut attribué à la fille de son deuxième mariage, Victorine de Lépinay, épouse de Amédée de Gazeau.

Les deux fils de son premier mariage, Charles et Auguste de la Brunière (3), l'ayant précédée dans la

(1) *Victor de Lépinay* a eu pour enfants *René*, marié le 27 octobre 1885 à Marie Dumuys, et *Berthe*, épouse de Eugène Flornoy, morte prématurément.

(2) *René-Joseph de Lepinay*, baptisé aux Sables, le 17 juin 1782, eut pour parrain et marraine : *René Lodre*, écuyer, contrôleur ordinaire des guerres, gouverneur de la ville des Sables, bisaïeul maternel, et *Marie-Catherine-Victoire Lodre*, épouse de Aimé-Louis-Augustin de Loynes-Boisbaudron de la Coudraye, tante maternelle.

(3) L'aîné de ses fils, *Charles de la Brunière*, décédé en 1860, avait eu de son mariage avec *Bathilde-Charlotte de Goué ;*

1° *Henri-Marie-Alexandre*, marié à Adeline de Boussineau, domicilié à la Garnaude de Beaulieu, surpris par la mort au château du Pin-Macé, commune de Saint-Georges, le 18 mars 1900, laissant une fille unique, Bathilde.

2° *Charles*, domicilié à l'Espiardière de Touvois, marié à Anaïs de Boussineau dont il a : A. *Marie*, mariée en 1905 à Adrien-Marie Maurice Samson de Briqueville; B. *Charlotte* ; C. *Marguerite*.

3° *Clotilde-Marie-Victoire*, mariée à André du Raget de Champbonin.

tombe, Marie-Victoire de la Chesnelière s'éteignit au Plessis-Gatineau, le 9 juillet 1862 (1).

§ IV. — **Marie-Amédée de Gazeau de la Brandasnière** et son épouse, *Marie-Eulalie-Jacquette-Victorine Mercier de Lépinay,* domiciliés successivement à la Mothe-Achard et au Plessis-Gatineau, firent don de cette terre à leur fils, Aimé de Gazeau, à l'occasion de son mariage.

Marie-Amédée de Gazeau est décédé au Plessis-Gatineau, le 25 janvier 1882. Sa veuve, Victorine de Lépinay, retirée à la Mothe-Achard en 1885, y est morte le 5 juin 1900.

§ V. — **Joseph-Aimé de Gazeau de la Brandasnière,** fils des précédents, a épousé à Nantes, le 29 mai 1868, *Marie-Léonie d Escrots d'Estrée*, et a reçu de ses père et mère la terre du Plessis-Gatineau dont il a fait reconstruire le château en 1876.

La Mothe-Achard, 1er décembre 1910.

(1) Marie-Victoire de la Chesnelière fut inhumée à côté de son deuxième époux, dans l'ancien cimetière de la Chapelle-Achard. Leurs restes ont été exhumés et transférés au cimetière actuel, le 27 septembre 1900, par les soins de M. Aimé de Gazeau.

LUÇON. — IMP. M. BIDEAUX

www.ingramcontent.com/pod-product-compliance
Ingram Content Group UK Ltd.
Pitfield, Milton Keynes, MK11 3LW, UK
UKHW021227230726
13926UKWH00003B/1280

9 782014 088113